中职生语文素养读本

（下　册）

汪皆健　胡莉娜　主编

人民交通出版社股份有限公司
China Communications Press Co.,Ltd.

内 容 提 要

本书为中等职业学校语文公共基础课教材。内容主要从自然风情、立德启智、家国情怀、生活理趣四个方面的优秀古今文化作品中选取，作品体裁主要有古代散文、古代诗词、现代散文三种类型。

本书既满足中等职业学校的语文教学需要，又充分考虑了"大语文"的审美、鉴赏和教育功能，可作为相关职业学校语文公共基础课的教学用书，亦可作为相关文学爱好者的朗读用书与参考用书。

图书在版编目（CIP）数据

中职生语文素养读本.下册/汪皆健,胡莉娜主编.
— 北京：人民交通出版社股份有限公司, 2019.2
ISBN 978-7-114-15245-0

Ⅰ.①中… Ⅱ.①汪… ②胡… Ⅲ.①语文课
—中等专业学校—教材 Ⅳ.①G634.301

中国版本图书馆CIP数据核字(2018)第288946号

书　　名：	中职生语文素养读本（下册）
著　作　者：	汪皆健　胡莉娜
责任编辑：	李　良
责任校对：	尹　静
责任印制：	张　凯
出版发行：	人民交通出版社股份有限公司
地　　址：	（100011）北京市朝阳区安定门外外馆斜街3号
网　　址：	http://www.ccpress.com.cm
销售电话：	（010）59757973
总 经 销：	人民交通出版社股份有限公司发行部
经　　销：	各地新华书店
印　　刷：	北京市密东印刷有限公司
开　　本：	787×1092　1/16
印　　张：	11
字　　数：	206千
版　　次：	2019年2月　第1版
印　　次：	2024年1月　第6次印刷
书　　号：	ISBN 978-7-114-15245-0
定　　价：	26.00元

编写人员名单

主 编   汪皆健   胡莉娜
参 编   徐湖川   王 鹏   谢 苗
          胡寅迪   顾敏慧   褚 静
          冯朋员   陈志浩

东林书院有副名联:"风声雨声读书声,声声入耳;家事国事天下事,事事关心。"读书声,就像那美妙的乐曲一般,让人沉醉在文字的旋律中,感受着语言独特的魅力。一所校园,如果缺少了琅琅的读书声,便显得沉闷压抑;一个学生,如果不喜欢朗读,那他的语文学习肯定是僵化而无味的。

我们的母语——汉语,是世界上最古老、最美丽的语言,她承载着我们中华民族悠久灿烂的历史文化,联通着我们和无数先哲的思想交流,谱写着一曲曲动人心魄的优美华章。因为汉语,我们这个民族才始终有着最牢固的情感纽带,才能够生生不息,在历史的长河中不断发展。我们有什么理由不珍爱她呢?

作为中学生,我们有义务传承母语,我们更有责任将其发扬光大。

朗读,就是最好的方式。

当今社会,科技的进步让我们的生活丰富多彩,很多人已经无法静心读书,更不用说朗读了。此外,在应试教育的背景下,教师在教学中也重视阅读(理性分析),轻视朗读(感性体悟)。朗读,在语文学习的过程中,逐渐褪色、淡化、消失。事实上,即便有朗读的身影,也存在流于形式的问题——大部分中职学校的晨读内容仍旧是语文课本,或者是教师自行印发的考试资料。中职学校缺少针对性的晨读教材,也缺少科学有序的晨读计划。

基于此,我们编写了《中职生语文素养读本》,作为我校的晨读教材,供同学们朗读、学习。在编写教材的过程中,我们一直思考两个问题,一是读什么的问题,二是怎么读的问题。最终在读本下册的内容上,我们从自然风情、立德启智、家国情怀、生活理趣四个方面选取作品,这既考虑到了中职学校的特色,又兼顾了"大语文"的审美和教育功能。在充分考虑了朗读时间的因素后,体裁上,我们将每个模块又分为古代散文、古代诗词、现代散文三个部分,同学们在朗读的过程中,就可以灵活多变地进行选择。

这本教材旨在激发同学们对朗读的热情,培养大家对朗读的兴趣,同时也为了开拓同学们的阅读视野,提高大家的文学素养。

由于编排时间紧迫,加上水平有限,难免疏漏之处,敬请广大师生不吝指正。

清晨,伴随着第一缕阳光的温暖,请让我们翻开这本书,大声朗读吧!

编　者

2018 年 11 月

目录

自然风情

答谢中书书

〔南北朝〕　陶弘景

原文

山川之美，古来共谈。高峰入云，清流见底。两岸石壁，五色交晖。青林翠竹，四时俱备。晓雾将歇，猿鸟乱鸣。夕日欲颓，沉鳞竞跃。实是欲界之仙都！自康乐以来，未复有能与其奇者。（夕日 一作：夕阳）

译文

山川景色的美丽，自古以来就是文人雅士共同欣赏赞叹的。巍峨的山峰耸入云端，明净的溪流清澈见底。两岸的石壁色彩斑斓，交相辉映。青葱的林木，翠绿的竹丛，四季长存。清晨的薄雾将要消散的时候，传来猿、鸟此起彼伏的鸣叫声。夕阳快要落山的时候，潜游在水中的鱼儿争相跳出水面。这里实在是人间的仙境啊！自从南朝的谢灵运以来，就再也没有人能够欣赏这种奇丽的景色了。

王子猷居山阴

〔南北朝〕 任 诞

原文

王子猷居山阴。夜大雪，眠觉，开室命酌酒，四望皎然；因起彷徨，咏左思《招隐》诗，忽忆戴安道。时戴在剡，即便夜乘小船就之，经宿方至，造门不前而返。人问其故，王曰："吾本乘兴而行，兴尽而返，何必见戴！"王子猷尝暂寄人空宅住，便令种竹。或问："暂住何烦尔？"王啸咏良久，直指竹曰："何可一日无此君！"

译文

王子猷住在浙江绍兴，一天夜里大雪纷飞，他一觉醒来，推开门，命仆人斟上酒。看到四面一片洁白。于是他站起徘徊，吟咏着左思的《招隐诗》，忽然想念起戴安道。当时戴安道在剡县，(王子猷)即刻连夜乘小船去拜访他，经过一夜才到，在戴安道家门前却没进去就转身返回了。有人问他这样做的缘故，王子猷说："我本来乘着兴致出行，没有了兴致就返回，何必要见戴安道！"王子猷曾经暂时借住别人的空房，随即叫家人种竹子。有人问他："暂时住一下，何必这样麻烦？"王子猷吹口哨并吟唱了好一会儿，才指着竹子说："怎么可以一天没有这位先生！"

爱莲说

〔北宋〕 周敦颐

原文

水陆草木之花,可爱者甚蕃。晋陶渊明独爱菊。自李唐来,世人甚爱牡丹。予独爱莲之出淤泥而不染,濯清涟而不妖,中通外直,不蔓不枝,香远益清,亭亭净植,可远观而不可亵玩焉。

予谓菊,花之隐逸者也;牡丹,花之富贵者也;莲,花之君子者也。噫!菊之爱,陶后鲜有闻。莲之爱,同予者何人?牡丹之爱,宜乎众矣!

译文

水上、陆地上各种草本木本的花,令人喜爱的非常多。晋代的陶渊明唯独喜爱菊花。从李氏唐朝以来,世人大多喜爱牡丹。我唯独喜爱莲花,因它从积存的淤泥中长出却不被污染,经过清水的洗涤却不显得妖艳。(它的茎)中间贯通、外形挺直,既不生藤蔓,也没有旁枝,香气散播到远处,更加使人觉得清幽,笔直洁净地竖立在水中,(人们)可以远远地观赏(它),而不可轻易地玩弄(它)啊。

我认为菊花,是花中的隐士;牡丹,是花中的富贵者;莲花,是花中(品德高尚)的君子。唉! (对于)菊花的喜爱,陶渊明以后就很少听到了。(对于)莲花的喜爱,像我一样的还有什么人呢? (对于)牡丹的喜爱,当然人数众多了!

观　潮

〔南宋〕　周　密

原文

浙江之潮，天下之伟观也。自既望以至十八日为盛。方其远出海门，仅如银线；既而渐近，则玉城雪岭际天而来，大声如雷霆，震撼激射，吞天沃日，势极雄豪。杨诚斋诗云"海涌银为郭，江横玉系腰"者是也。

每岁京尹出浙江亭教阅水军，艨艟数百，分列两岸；既而尽奔腾分合五阵之势，并有乘骑弄旗标枪舞刀于水面者，如履平地。倏尔黄烟四起，人物略不相睹，水爆轰震，声如崩山。烟消波静，则一舸无迹，仅有"敌船"为火所焚，随波而逝。

吴儿善泅者数百，皆披发文身，手持十幅大彩旗，争先鼓勇，溯迎而上，出没于鲸波万仞中，腾身百变，而旗尾略不沾湿，以此夸能。

江干上下十余里间，珠翠罗绮溢目，车马塞途，饮食百物皆倍穹常时，而僦赁看幕，虽席地不容间也。

译文

钱塘江的潮水，是天下雄伟的景观。从(农历)八月十六日到十八日是潮水最壮观之时。当潮水远远地从钱塘江入海口涌起的时候，(远看)几乎像一条银白色的线；不久(潮水)越来越近，玉城雪岭般的潮水连天涌来，声音大得像雷霆万钧，震撼天地，激扬喷射，吞没天空，冲荡太阳，气势极其雄伟豪壮。杨万里诗中说的"海涌银为郭，江横玉系腰"就是指这样的景象。

每年(农历八月)京都临安府长官来到浙江亭教阅水军，几百艘战船分列两岸；不久水军的战船演习五阵的阵势，忽而疾驶，忽而腾起，忽而分，忽而合，极尽种种变化，同时有在水面上骑马、舞旗、举枪、挥刀的人，好像踩在平地上一样安稳。忽然黄色的烟雾从四面升起，完全看不清周围的人和物了，只听得水爆的轰鸣声，声音像山崩塌一样。(等到)烟雾消散，水波平静(之时)，就一条船的踪影也没有了，只剩下被火烧毁的"敌船"，随波而去。

几百个善于泅水的吴地健儿，披散着头发，身上画着文彩，手里拿着十幅大彩旗，争先恐后，鼓足勇气，迎着潮水逆流而上，在万仞高的巨浪中忽隐忽现，翻腾着身子变换各种姿态，但是旗尾却一点也不被水沾湿，他们凭借这种表演来显示高超的技能。

江岸上下游十多里的地方，满眼都是穿着华丽服饰的观众，车马堵塞道路，吃喝等各种物品（的价钱）比平时要高出很多倍。租用看棚的人（非常多），中间即使是一席之地的空地也没有。

记游白水岩

〔北宋〕 苏 轼

原文

绍圣元年十二月十二日，与幼子过游白水山佛迹院。浴于汤池，热甚，其源殆可以熟物。循山而东，少北，有悬水百仞，山八九折，折处辄为潭。深者縋石五丈，不得其所止。

雪溅雷怒，可喜可畏。水涯有巨人迹数十，所谓佛迹也。

暮归，倒行，观山烧壮甚。俯仰度数谷。至江，山月出，击汰中流，掬弄珠璧。到家，二鼓矣。复与过饮酒，食馀甘，煮菜，顾影颓然，不复能寐。书以付过。东坡翁。

译文

绍圣元年十月十二日，我与小儿子苏过一起游览白水山佛迹院。在温泉中沐浴，水很热，它的源头大概能把东西煮熟。沿着山向东走，在稍微偏北的地方，有大约一百丈高的瀑布。山路曲折了八九处，每个曲折的地方都有潭水。潭水深的地方，用绳子拴住石头从上往下放下去五丈，还到不了底。

潭水像雪花般飞溅，声音如雷鸣般轰响，令人既欢喜又畏惧。水边的悬崖上有几十处巨大的脚印，这就是人们所说的佛迹。

傍晚时我们顺原路返回，在夕阳映照下的群山仿佛在燃烧，十分壮观。上上下下地越过几个山谷。到了江边，此时月亮从山后面出来，我们用船桨击打起朵朵浪花，玉盘似的月影倒映着晶莹的浪珠，真可以捧起来玩赏了。回到家已是二更时分。我与苏过再次饮酒，吃着橄榄煮菜，回头看自己的影子，精神振作不起来，再也睡不着了。写下这些文字交给苏过。东坡记。

水龙吟·登建康赏心亭

〔南宋〕 辛弃疾

原文

楚天千里清秋，水随天去秋无际。遥岑远目，献愁供恨，玉簪螺髻。落日楼头，断鸿声里，江南游子。把吴钩看了，栏干拍遍，无人会，登临意。（栏干 一作：阑干）

休说鲈鱼堪脍，尽西风，季鹰归未？求田问舍，怕应羞见，刘郎才气。可惜流年，忧愁风雨，树犹如此！倩何人唤取，红巾翠袖，揾英雄泪！

译文

辽阔的南国秋空千里冷落凄凉，江水随天空流去，秋色更无边无际。极目遥望远处的山岭，只引起我对国土沦丧的忧愁和愤恨，群山像女人头上的玉簪和螺髻。西下的太阳斜照着这楼头，在长空远飞离群孤雁的悲鸣声里，还有我这流落江南的思乡游子。我看着这宝刀，狠狠地把楼上的栏杆都拍遍了，也没有人领会我现在登楼的心意。

别说鲈鱼切碎了能烹成佳肴美味，西风吹遍了，不知张季鹰已经回来了没？只为自己购置田地房产的许汜，见到才气双全的刘备之后应感到惭愧。可惜时光如流水一般过去，我真担心着风雨飘荡中的国家，真像桓温所说树也已经长得这么大了！谁去请那些披红着绿的歌女，来为我擦掉英雄失意的眼泪！

湖心亭看雪

〔明〕 张 岱

原文

崇祯五年十二月,余住西湖。大雪三日,湖中人鸟声俱绝。是日更定矣,余拏一小舟,拥毳衣炉火,独往湖心亭看雪。雾凇沆砀,天与云与山与水,上下一白。湖上影子,惟长堤一痕、湖心亭一点、与余舟一芥、舟中人两三粒而已。(余拏 一作:余挐)

到亭上,有两人铺毡对坐,一童子烧酒炉正沸。见余大喜曰:"湖中焉得更有此人?"拉余同饮。余强饮三大白而别。问其姓氏,是金陵人,客此。及下船,舟子喃喃曰:"莫说相公痴,更有痴似相公者!"

译文

崇祯五年(1632年)十二月,我住在西湖边。大雪接连下了三天,湖中的行人、飞鸟的声音都消失了。这一天晚上定更时分,我撑着一叶小舟,穿着毛皮衣,带着火炉,独自前往湖心亭看雪。(湖面上)冰花一片弥漫,天和云和山和水全是白皑皑的。湖上的影子,只有一道长堤的痕迹,一点湖心亭的轮廓,和我的一叶小舟,舟中的两三个人影罢了。

到了湖心亭上,看见有两个人铺好毡子,相对而坐,一个小孩正把酒炉(里的酒)烧得滚沸。(他们)看见我,非常高兴地说:"想不到在湖中还会有您这样的人!"(他们)拉着我一同饮酒。我尽情地喝了三大杯酒,然后和他们道别。(我)问他们的姓氏,(得知他们)是南京人,在此地客居。等到了下船的时候,船夫喃喃地说:"不要说相公您痴,还有像相公您一样痴的人啊!"

初至西湖记

〔明〕 袁宏道

原文

从武林门而西，望保叔塔突兀层崖中，则已心飞湖上也。午刻入昭庆，茶毕，即棹小舟入湖。山色如娥，花光如颊，温风如酒，波纹如绫；才一举头，已不觉目酣神醉，此时欲下一语描写不得，大约如东阿王梦中初遇洛神时也。余游西湖始此，时万历丁酉二月十四日也。

晚同子公渡净寺，觅阿宾旧住僧房。取道由六桥、岳坟、石径塘而归。草草领略，未及偏赏。次早得陶石篑帖子，至十九日，石篑兄弟同学佛人王静虚至，湖山好友，一时凑集矣。

译文

从杭州武林门西行，远远看见保俶塔高高耸立在层峦山崖上，心绪早已飞到西湖之上了。午时进入昭庆寺，喝完茶，即划着小船进入西湖。(只见得)四面的山峦色彩如黛，春花的光彩好像少女的颜面，柔和的春风好像醉人的米酒，湖水的波纹好像平滑的绸缎；刚一抬头，已经不由得眼花缭乱、如醉如痴了。这时想用一个词语来描绘(眼前美景)，却终不可得，大约好像东阿王梦中初遇洛神时那样精神迷离恍惚吧。我游西湖的经历从这一次开始，当天正是万历二十五年二月十四日。

晚上同子公一起坐船来到净慈寺，找到弟弟阿宾曾经住过的僧房。在归宿途中，草草领略了六桥、岳坟、石径塘等景点。第二天一早又收到了陶石篑的帖子，到十九日石篑兄弟和佛学居士王静虚来了，一同游山玩水的好友一时间都凑到一起了。

记承天寺夜游

〔北宋〕 苏 轼

原文

元丰六年十月十二日夜，解衣欲睡，月色入户，欣然起行。念无与为乐者，遂至承天寺寻张怀民。怀民亦未寝，相与步于中庭。

庭下如积水空明，水中藻荇交横，盖竹柏影也。何夜无月？何处无竹柏？但少闲人如吾两人者耳。

译文

元丰六年十月十二日夜晚，(我)脱下衣服准备睡觉时，恰好看见月光照在门上，(于是我就)高兴地起床出门散步。想到没有和我一起游乐的人，于是(我)前往承天寺寻找张怀民。怀民也没有睡，我们便一同在庭院中散步。月光照在庭院里像积聚的清水一样澄澈透明，水中的水藻、荇菜纵横交错，(细看才发现)原来那是竹子和柏树的影子。哪一个夜晚没有月光？(又有)哪个地方没有竹子和柏树呢？只是缺少像我们两个这样清闲的人罢了。

江 南

〔汉〕 佚 名

jiāng nán kě cǎi lián   lián yè hé tián tián   yú xì lián yè jiān
江南可采莲，莲叶何田田，鱼戏莲叶间。

yú xì lián yè dōng   yú xì lián yè xī   yú xì lián yè nán   yú xì lián yè běi
鱼戏莲叶东，鱼戏莲叶西，鱼戏莲叶南，鱼戏莲叶北。

译 文

江南又到了适宜采莲的季节了，莲叶浮出水面，挨挨挤挤，重重叠叠，迎风招展。在茂密如盖的荷叶下面，欢快的鱼儿在不停地嬉戏玩耍。

一会儿在这儿，一会儿又忽然游到了那儿，说不清究竟是在东边，还是在西边，还是在南边，还是在北边。

赏 析

这是一首采莲歌，反映了采莲时的光景和采莲人欢乐的心情。在汉乐府民歌中具有独特的风味。诗中没有一字是写人的，但是我们又仿佛如闻其声，如见其人，如临其境，感受到了一股勃勃生机的青春与活力，领略到了采莲人内心的欢乐和青年男女之间的欢愉和甜蜜。这就是这首民歌不朽的魅力所在。

归园田居·其一

〔东晋〕 陶渊明

shào wú shì sú yùn   xìng běn ài qiū shān
少无适俗韵，性本爱丘山。

wù luò chén wǎng zhōng   yí qù sān shí nián
误落尘网中，一去三十年。

jī niǎo liàn jiù lín   chí yú sī gù yuān
羁鸟恋旧林，池鱼思故渊。

kāi huāng nán yě jì   shǒu zhuō guī yuán tián
开荒南野际，守拙归园田。

fāng zhái shí yú mǔ   cǎo wū bā jiǔ jiān
方宅十余亩，草屋八九间。

榆柳荫后檐，桃李罗堂前。
暧暧远人村，依依墟里烟。
狗吠深巷中，鸡鸣桑树颠。
户庭无尘杂，虚室有余闲。
久在樊笼里，复得返自然。

译文

少小时就没有随俗气韵，自己的天性是热爱自然。
偶失足落入了仕途罗网，转眼间离田园已三十年。
笼中鸟常依恋往日山林，池里鱼向往着从前深渊。
我愿在南野际开垦荒地，保持着拙朴性归耕田园。
绕房宅方圆有十余亩地，还有那茅屋草舍八九间。
榆柳树荫盖着房屋后檐，争春的桃与李列满院前。
远处的邻村舍依稀可见，村落里飘荡着袅袅炊烟。
深巷中传来了几声狗吠，桑树顶有雄鸡不停啼唤。
庭院内没有那尘杂干扰，静室里有的是安适悠闲。
久困于樊笼里毫无自由，我今日总算又归返林山。

赏析

陶渊明因无法忍受官场的污浊与世俗的束缚，坚决地辞官归隐，躬耕田园。脱离仕途的那种轻松之感，返回自然的那种欣悦之情，还有清静的田园、淳朴的交往、躬耕的体验，使得这组诗成为杰出的田园诗章。

逢雪宿芙蓉山主人

〔唐〕　刘长卿

日暮苍山远，天寒白屋贫。
柴门闻犬吠，风雪夜归人。

译文

暮色降山苍茫愈觉路途远，
天寒冷茅草屋显得更贫困。
柴门外忽然传来犬吠声，
有人冒着风雪深夜里归家。

赏析

这首诗描绘的是一幅风雪夜归图。前两句写诗人投宿山村时的所见所感，后两句写诗人投宿主人家以后的情景。全诗语言朴实浅显，写景如画，叙事虽然简朴，含意十分深刻。

江 雪

〔唐〕 柳宗元

qiān shān niǎo fēi jué　　wàn jìng rén zōng miè
千山鸟飞绝，万径人踪灭。
gū zhōu suō lì wēng　　dú diào hán jiāng xuě
孤舟蓑笠翁，独钓寒江雪。

译文

所有的山，不见鸟的影子；所有的路，不见人影踪迹。
江上孤舟，渔翁披蓑戴笠；独自垂钓，不怕冰雪侵袭。

赏析

一个寒冷寂静的环境里，那个老渔翁竟然不怕天冷，不怕雪大，忘掉了一切，专心地钓鱼，形体虽然孤独，性情却显得清高孤傲，甚至有点凛然不可侵犯。这个被幻化、美化了的渔翁形象，实际正是柳宗元本人思想感情的寄托和写照。

用具体而细致的手法来摹写背景,用远距离画面来描写主要形象;精雕细琢和极度的夸张概括,错综地统一在一首诗里,是这首山水小诗独有的艺术特色。

大林寺桃花

〔唐〕 白居易

rén jiàn sì yuè fāng fēi jìn　　shān sì táo huā shǐ shèng kāi
人间四月芳菲尽,山寺桃花始盛开。

chàng hèn chūn guī wú mì chù　　bù zhī zhuǎn rù cǐ zhōng lái
长恨春归无觅处,不知转入此中来。

译文

在人间四月里百花凋零已尽,高山古寺中的桃花才刚刚盛开。
我常为春光逝去无处寻觅而怅恨,却不知它已经转到这里来。

赏析

该诗只有短短的四句,从内容到语言似乎都没有什么深奥、奇警的地方,只不过是把"山高地深,时节绝晚""与平地聚落不同"的景物节候,做了一番记述和描写。但细读之,就会发现这首平淡自然的小诗,其实写得意境深邃,富于情趣。

过 故 人 庄

〔唐〕 孟浩然

gù rén jù jī shǔ　　yāo wǒ zhì tián jiā
故人具鸡黍,邀我至田家。

lù shù cūn biān hé　　qīng shān guō wài xiá
绿树村边合,青山郭外斜。

kāi xuān miàn cháng pǔ　　bǎ jiǔ huà sāng má
开轩面场圃,把酒话桑麻。

dài dào chóng yáng rì　　hái lái jiù jú huā
待到重阳日,还来就菊花。

老友备好了黄米饭和烧鸡，邀我做客到他朴实的田家。
村子外边是一圈绿树环抱，郊外是苍翠的小山包平斜。
推开窗户迎面是田地场圃，把酒对饮闲聊着耕作桑麻。
等到九月重阳节的那一天，再一次来品尝菊花酒好啦！

这是一首田园诗，描写农家恬静闲适的生活情景，也写老朋友的情谊。诗由"邀"到"至"到"望"又到"约"一径写去，自然流畅。语言朴实无华，意境清新隽永。

雨过山村

〔唐〕 王 建

yǔ lǐ jī míng yī liǎng jiā　zhú xī cūn lù bǎn qiáo xiá
雨里鸡鸣一两家，竹溪村路板桥斜。

fù gū xiāng huàn yù cán qù　xián kàn zhōng tíng zhī zǐ huā
妇姑相唤浴蚕去，闲看中庭栀子花。

雨中传来鸡鸣，山村里依稀可见一两户人家。村路竹溪之上，一条板桥斜横。
婆媳相唤，一起去选蚕种。只有那开放的栀子花，独自摇曳在庭院中。

全诗处处扣住山村景象，从景写到人，从人写到境；农事的繁忙，山村的神韵，皆蕴于一个"闲"字之中。它是全篇之"眼"，着此一字而境界全出。作者写雨过山村所见情景，富有诗情画意，又充满劳动生活的气息，同时也表达了一种对乡村生活的喜爱之情。

终 南 别 业

〔唐〕 王 维

中岁颇好道，晚家南山陲。

兴来每独往，胜事空自知。

行到水穷处，坐看云起时。

偶然值林叟，谈笑无还期。

译文

中年以后存有较浓的好道之心，直到晚年才安家于终南山边陲。
兴趣浓时常常独来独往去游玩，有快乐的事自我欣赏自我陶醉。
间或走到水的尽头去寻求源流，间或坐看上升的云雾千变万化。
偶然在林间遇见几个乡村父老，偶与其谈笑聊天每每忘了回家。

赏析

这首诗没有描绘具体的山川景物，而重在表现诗人隐居山间时悠闲自得的心境。诗的前六句自然娴静，诗人的形象如同一位不食人间烟火的世外高人，他不问世事，视山间为乐土。不刻意探幽寻胜，而能随时随处领略到大自然的美好。结尾两句，引入人的活动，带来生活气息，诗人的形象也更为可亲。

竹枝词二首·其一

〔唐〕 刘禹锡

杨柳青青江水平，闻郎江上踏歌声。

东边日出西边雨，道是无晴却有晴。

译文

杨柳青青江水宽又平，听见情郎江上踏歌声。
东边日出西边下起雨，说是无晴但是还有晴。

赏析

这是一首描写青年男女爱情的诗歌。它描写了一个初恋的少女在杨柳青青、江平如镜的清丽的春日里，听到情郎的歌声所产生的内心活动。

春江花月夜

〔唐〕　张若虚

chūn jiāng cháo shuǐ lián hǎi píng
春江潮水连海平，
hǎi shàng míng yuè gòng cháo shēng
海上明月共潮生。

yàn yàn suí bō qiān wàn lǐ
滟滟随波千万里，
hé chù chūn jiāng wú yuè míng
何处春江无月明！

jiāng liú wǎn zhuǎn rào fāng diàn
江流宛转绕芳甸，
yuè zhào huā lín jiē sì xiàn
月照花林皆似霰。

kōng lǐ liú shuāng bù jué fēi
空里流霜不觉飞，
tīng shàng bái shā kàn bú jiàn
汀上白沙看不见。

jiāng tiān yī sè wú xiān chén
江天一色无纤尘，
jiǎo jiǎo kōng zhōng gū yuè lún
皎皎空中孤月轮。

jiāng pàn hé rén chū jiàn yuè
江畔何人初见月？
jiāng yuè hé nián chū zhào rén
江月何年初照人？

rén shēng dài dài wú qióng yǐ
人生代代无穷已，
jiāng yuè nián nián zhǐ xiāng sì
江月年年只相似。

bù zhī jiāng yuè dài hé rén
不知江月待何人，
dàn jiàn cháng jiāng sòng liú shuǐ
但见长江送流水。

bái yún yī piàn qù yōu yōu
白云一片去悠悠，
qīng fēng pǔ shàng bú shèng chóu
青枫浦上不胜愁。

shuí jiā jīn yè piān zhōu zǐ
谁家今夜扁舟子？
hé chù xiāng sī míng yuè lóu
何处相思明月楼？

kě lián lóu shàng yuè pái huái
可怜楼上月徘徊，
yīng zhào lí rén zhuāng jìng tái
应照离人妆镜台。

yù hù lián zhōng juǎn bú qù
玉户帘中卷不去，
dǎo yī zhēn shàng fú hái lái
捣衣砧上拂还来。

cǐ shí xiāng wàng bù xiāng wén
此时相望不相闻，
yuàn zhú yuè huá liú zhào jūn
愿逐月华流照君。

hóng yàn cháng fēi guāng bù dù
鸿雁长飞光不度，
yú lóng qián yuè shuǐ chéng wén
鱼龙潜跃水成文。

昨夜闲潭梦落花，可怜春半不还家。

江水流春去欲尽，江潭落月复西斜。

斜月沉沉藏海雾，碣石潇湘无限路。

不知乘月几人归，落月摇情满江树。

译 文

春天的江潮水势浩荡，与大海连成一片，一轮明月从海上升起，好像与潮水一起涌出来。

月光照耀着春江，随着波浪闪耀千万里，整条春江都泛着明亮的月光。

江水曲曲折折地绕着花草丛生的原野流淌，月光照射着开遍鲜花的树林，好像细密的雪珠在闪烁。

月色如霜，所以霜飞无从觉察。洲上的白沙和月色融合在一起，看不分明。

江水、天空成一色，看不出一点微小灰尘，明亮的天空中只有一轮孤月高悬空中。

江边上什么人最初看见月亮，江上的月亮哪一年最初照耀着人？

世人一代代无穷无尽，只有江上的月亮一年年总是相像。

不知江上的月亮等待着什么人，只见长江送走了流水。

游子像一片白云缓缓地离去，只剩下思妇站在离别的青枫浦不胜忧愁。

哪家的游子今晚坐着小船在漂流？什么地方有人在明月照耀的楼上起了相思？

楼上不停移动的美好月光，应该照耀着离人的梳妆台。

月光照进思妇的门帘，卷不走，照在她的捣衣砧上，拂不掉。

此时的你我想必都在望着月亮可是听不到彼此的言语，我希望随着月光流去照耀着您。

鸿雁不停地飞翔，而不能飞出无边的月光；月照江面，鱼龙在水中跳跃，激起阵阵波浪。(此二句写月光之清澈无边，也暗含鱼雁不能传信之意。)

昨天夜里梦见花落闲潭，可惜的是春天过了一半我还不能回家。

江水带着春光将要流尽，水潭上的月亮又要西落。

斜月慢慢下沉，藏在海雾里，碣石与潇湘的离人距离无限遥远。

不知有几人能趁着月光回家，唯有那西落的月亮摇荡着离情，洒满了江边的树林。

赏 析

被闻一多先生誉为"诗中的诗，顶峰上的顶峰"的《春江花月夜》，一千多年来使无数读者为之倾倒。一生仅留下两首诗的张若虚，也因这一首诗，"孤篇横绝，竟为大家"。整首诗由景、情、理依次展开：第一部分写了春江的美景；第二部分写了面对江月时产生的感慨；第三部分写了人间思妇游子的离愁别绪。

望 洞 庭

〔唐〕 刘禹锡

湖光秋月两相和，潭面无风镜未磨。
遥望洞庭山水翠，白银盘里一青螺。

译 文

秋夜明月清辉，遍洒澄净湖面，湖面平静无风，犹如铁磨铜镜。

遥望美丽洞庭的湖光山色，真的令人浮想联翩。那翠绿的君山，就像银盘里的一枚玲珑青螺。

赏 析

诗中描写了秋夜月光下洞庭湖的优美景色——微波不兴，平静秀美，分外怡人。诗人飞驰想象，以清新的笔调，生动地描绘出洞庭湖水宁静、祥和的朦胧美，勾画出一幅美丽的洞庭山水图。这首诗表现了诗人对大自然的热爱，也表现了诗人壮阔不凡的气度和高卓清奇的情致。

梅 花

〔北宋〕 王安石

墙角数枝梅，凌寒独自开。
遥知不是雪，为有暗香来。

译文

那墙角的几枝梅花，冒着严寒独自盛开。

为什么远望就知道洁白的梅花不是雪呢？因为梅花隐隐传来阵阵的香气。

赏析

作者在北宋极端复杂和艰难的局势下，积极改革，却得不到支持，其孤独心态和艰难处境，与梅花自然有共通的地方。这首小诗意味深远，而语句又十分朴素自然，丝毫没有雕琢的痕迹。

约　　客

〔南宋〕　赵师秀

huáng méi shí jié jiā jiā yǔ
黄梅时节家家雨，
qīng cǎo chí táng chù chù wā
青草池塘处处蛙。

yǒu yuē bù lái guò yè bàn
有约不来过夜半，
xián qiāo qí zǐ luò dēng huā
闲敲棋子落灯花。

译文

梅子黄时，家家都被笼罩在雨中，长满青草的池塘边上，传来阵阵蛙声。时间已过午夜，已约请好的客人还没有来，我无聊地轻轻敲着棋子，震落了油灯芯结出的疙瘩。

赏析

与人约会而久候不至，难免焦躁不安，这大概是每个人都会有的经验，以此入诗，就难以写得蕴藉有味。然而赵师秀的这首小诗状此种情致，却写得深蕴含蓄，余味曲包。黄梅时节的夜晚，细雨蒙蒙地下着，乡村的池塘传来阵阵蛙鸣。诗人约一位朋友来做客，可等到半夜也没有来。他只好一个人伴着油灯，无聊地敲着棋子。语近情遥，含而不露地表现了作者寂寞的心情。

苏幕遮·怀旧

〔北宋〕 范仲淹

bì yún tiān　huáng yè dì　qiū sè lián bō　bō shàng hán yān cuì
碧云天，黄叶地。秋色连波，波上寒烟翠。

shān yìng xié yáng tiān jiē shuǐ　fāng cǎo wú qíng　gèng zài xié yáng wài
山映斜阳天接水。芳草无情，更在斜阳外。

àn xiāng hún　zhuī lǚ sī　yè yè chú fēi　hǎo mèng liú rén shuì
黯乡魂，追旅思。夜夜除非，好梦留人睡。

míng yuè lóu gāo xiū dú yǐ　jiǔ rù chóu cháng　huà zuò xiāng sī lèi
明月楼高休独倚。酒入愁肠，化作相思泪。

译文

碧云飘悠的蓝天，黄叶纷飞的大地，秋景连接着江中水波，波上弥漫着苍翠寒烟。群山映着斜阳蓝天连着江水。芳草不谙人情，一直延绵到夕阳照不到的天边。

（我）默默思念故乡黯然神伤，缠人的羁旅愁思难以排遣，除非夜夜都做好梦才能得到片刻安慰。不想在明月夜独倚高楼望远，只有频频地将苦酒灌入愁肠，化作相思的眼泪。

赏析

这首词上片写景，下片抒情，这本是词中常见的结构和情景结合的写作方式，其特殊性在于丽景与柔情的统一，更准确地说，是阔远之境、秋丽之景、深挚之情的统一。这首词所描绘的景色阔远而秋丽。它一方面显示了词人胸襟的广阔和对生活对自然的热爱，反过来衬托了离情的可伤；另一方面又使下片所抒之情显得柔而有骨，深挚而不流于颓靡。

临江仙·梅

〔宋〕 李清照

tíng yuàn shēn shēn shēn jǐ xǔ　yún chuāng wù gé chūn chí　wèi shuí qiáo cuì sǔn fāng zī　yè lái qīng mèng hǎo　yīng shì fā nán zhī
庭院深深深几许，云窗雾阁春迟。为谁憔悴损芳姿。夜来清梦好，应是发南枝。

yù shòu tán qīng wú xiàn hèn　nán lóu qiāng guǎn xiū chuī　nóng xiāng chuī jìn yǒu shuí zhī　nuǎn fēng chí rì yě　bié dào xìng huā féi
玉瘦檀轻无限恨，南楼羌管休吹。浓香吹尽有谁知。暖风迟日也，别到杏花肥。

译 文

庭院一层层的有好多层,云簇阁楼的窗户,淡淡的雾气弥漫在四周,春天却迟迟不来。思念让容色憔悴,只有在夜晚的梦中才能与思念的人相聚,向阳的梅枝也到了发芽的时节。

梅花风姿清瘦,南楼的羌笛不要吹奏哀怨的曲调。散发着浓浓香味的梅花不知道被吹落多少?春日的暖风,别一下就让时间来到杏花盛开的时节了。

赏 析

这首词以咏梅为题,用梅花暗喻词人自己,把闺人幽独的离思与韶华易逝的怅惘,极其高华而深至地表现了出来。

野 步

〔清〕 赵 翼

qiào hán cuī huàn mù mián qiú　　yǐ zhàng jiāo yuán zuò jìn yóu
峭寒催换木棉裘, 倚杖郊原作近游。

zuì shì qiū fēng guǎn xián shì　　hóng tā fēng yè bái rén tóu
最是秋风管闲事, 红他枫叶白人头。

译 文

料峭的寒风催人换上了厚衣服,我拄着手杖,到附近的原野去游玩。秋风最爱多管闲事了,它一来,不但把枫叶变红,还把人的头发变白了。

赏 析

综合全诗来看,最核心的无疑是后两句,但前两句也不应忽视。应该说,如果没有前面两句的交代和铺垫,后面的感情不可能抒发得那么充分。全诗表现了诗人对年华逝去的感伤之情。

卜算子·我住长江头

〔北宋〕 李之仪

wǒ zhù cháng jiāng tóu　jūn zhù cháng jiāng wěi　rì rì sī jūn bú jiàn jūn　gòng yǐn cháng jiāng shuǐ
我住长江头，君住长江尾。日日思君不见君，共饮长江水。

cǐ shuǐ jǐ shí xiū　cǐ hèn hé shí yǐ　zhǐ yuàn jūn xīn sì wǒ xīn　dìng bú fù xiāng sī yì
此水几时休，此恨何时已。只愿君心似我心，定不负相思意。

译文

　　我居住在长江上游，你居住在长江尾底。日日夜夜想你，却不能见你，你和我啊，同饮这一江水，两情相爱相知。

　　悠悠不尽的江水什么时候枯竭，别离的苦恨什么时候消止。只愿你我心心相印，相守不移，就不会辜负了我一番痴恋情意。

赏析

　　这首《卜算子》深得民歌的神情风味，明白如话，复叠回环，同时又具有文人词构思新巧、深婉含蓄的特点，可以说是一种提高和净化了的通俗词。

踏莎行·碧海无波

〔北宋〕 晏　殊

bì hǎi wú bō　yáo tái yǒu lù　sī liàng biàn hé shuāng fēi qù　dāng shí qīng bié yì zhōng rén　shān cháng shuǐ yuǎn zhī hé chù
碧海无波，瑶台有路。思量便合双飞去。当时轻别意中人，山长水远知何处。

qǐ xí níng chén　xiāng guī yǎn wù　hóng jiān xiǎo zì píng shuí fù　gāo lóu mù jìn yù huáng hūn　wú tóng yè shàng xiāo xiāo yǔ
绮席凝尘，香闺掩雾。红笺小字凭谁附。高楼目尽欲黄昏，梧桐叶上萧萧雨。

译文

　　碧海波平无险阻，瑶台有路可通行。细思量，当初就该双宿双飞，白首不移。想当时，轻别意中人，现如今，山高水远不知何处寻。

灰尘落绮席，烟雾锁香闺。写好的书信，如何送给你。登高楼极目望远方，潇潇细雨洒梧桐，天已近黄昏。

赏 析

这首词写离愁别恨，侧重"轻别"，有其个性；它从内心的懊悔和近乎痴狂的行动来表现深情，婉转含蓄，不脱晏殊词的特点；而结笔为最妙，蕴藉而韵高，尤堪玩赏。

长相思·山一程

〔清〕 纳兰性德

shān yì chéng shuǐ yì chéng shēn xiàng yú guān nà pàn xíng yè shēn qiān zhàng dēng
山一程，水一程，身向榆关那畔行，夜深千帐灯。

fēng yì gēng xuě yì gēng guō suì xiāng xīn mèng bù chéng gù yuán wú cǐ shēng
风一更，雪一更，聒碎乡心梦不成，故园无此声。

译 文

走过一条条山路，走过一条条水路，正向榆关那边走去。夜深了，人们在帐篷里点灯。晚上又刮风又下雪，声音嘈杂打碎了思乡的梦，家乡没有这样的声音。

赏 析

从"夜深千帐灯"壮美意境到"故园无此声"的委婉心地，既是词人亲身生活经历的生动再现，也是他善于从生活中发现美，并以景入心的体现。满怀心事悄悄跃然纸上。天涯羁旅最易引起共鸣的是那"山一程，水一程"的身泊异乡、梦回家园的意境，信手拈来不显雕琢。王国维曾评："容若词自然真切。"

卜算子·咏梅

〔现代〕 毛泽东

fēng yǔ sòng chūn guī　fēi xuě yíng chūn dào　yǐ shì xuán yá bǎi zhàng bīng　yóu yǒu huā zhī qiào
风雨送春归，飞雪迎春到。已是悬崖百丈冰，犹有花枝俏。

qiào yě bù zhēng chūn　zhǐ bǎ chūn lái bào　dài dào shān huā làn màn shí　tā zài cóng zhōng xiào
俏也不争春，只把春来报。待到山花烂漫时，她在丛中笑。

译文

　　风雨把春天送了回来，飞舞的春雪也在迎接春天的来到。转眼已是冰封雪冻，只有悬崖边上还盛开着俏丽的梅花。

　　梅花虽然俏丽，但并不炫耀自己，只是向人们报告春天到来的消息。等到百花盛开的时候，她即使在花丛中湮没无闻，也会感到无比欣慰。

赏析

　　这首词上阕描写了梅花傲寒开放的美好身姿，词人笔下的梅花，既展现了梅花本身的特点——不畏严寒，开放在坚冰悬崖，同时又象征了革命者；下阕揭示其精神品格，由外而内表现了梅花不畏严寒的风骨。全诗以梅言志，表达了一个共产党人的革命乐观主义精神和战胜一切困难的决心和信心。

春 风

老 舍

　　济南与青岛是多么不相同的地方呢！一个设若比作穿肥袖马褂的老先生，那一个便应当是摩登的少女。可是这两处不无相似之点。拿气候说吧，济南的夏天可以热死人，而青岛是有名的避暑所在；冬天，济南也比青岛冷。但是，两地的春秋颇有点相同。济南到春天多风，青岛也是这样；济南的秋天是长而晴美，青岛亦然。

　　对于秋天，我不知应爱哪里的：济南的秋是在山上，青岛的是海边。济南是抱在小山里的；到了秋天，小山上的草色在黄绿之间，松是绿的，别的树叶差不多都是红与黄的。就是那没树木的山上，也增多了颜色——日影、草色、石层，三者能配合出种种的条纹，种种的影色。配上那光暖的蓝空，我觉到一种舒适安全，只想在山坡上似睡非睡地躺着，躺到永远。青岛的山——虽然怪秀美——不能与海相抗，秋海的波还是春样的绿，可是被清凉的蓝空给开拓出老远，平日看不见的小岛清楚地点在帆外。这远到天边的绿水使我不愿思想而不得不思想；一种无目的的思想，要思虑而心中反倒空虚了些。济南的秋给我安全之感，青岛的秋引起我甜美的悲哀。我不知应当爱哪个。

　　两地的春可都被风给吹毁了。所谓春风，似乎应当温柔，轻吻着柳枝，微微吹皱了水面，偷偷地传送花香，同情地轻轻掀起禽鸟的羽毛。济南与青岛的春风都太粗猛。济南的风每每在丁香海棠开花的时候把天刮黄，什么也看不见，连花都埋在黄暗中，青岛的风少一些沙土，可是狡猾，在已很暖的时节忽然来一阵或一天的冷风，把一切都送回冬天去，棉衣不敢脱，花儿不敢开，海边翻着愁浪。

　　两地的风都有时候整天整夜地刮。春夜的微风送来雁叫，使人似乎多些希望。整夜的大风，门响窗户动，使人不英雄地把头埋在被子里；即使无害，也似乎不应该如此。对于我，特别觉得难堪。我生在北方，听惯了风，可也最怕风。听是听惯了，因为听惯才知道那

个难受劲儿。它老使我坐卧不安，心中游游摸摸的，干什么不好，不干什么也不好。它常常打断我的希望：听见风响，我懒得出门，觉得寒冷，心中渺茫。春天仿佛应当有生气，应当有花草，这样的野风几乎是不可原谅的！我倒不是个弱不禁风的人，虽然身体不很足壮。我能受苦，只是受不住风。别种的苦处，多少是在一个地方，多少有个原因，多少可以设法减除；对风是干没办法。总不在一个地方，到处随时使我的脑子晃动，像怒海上的船。它使我说不出为什么苦痛，而且没法子避免。它自由地刮，我死受着苦。我不能和风去讲理或吵架。单单在春天刮这样的风！可是跟谁讲理去呢？苏杭的春天应当没有这不得人心的风吧？我不准知道，而希望如此。好有个地方去"避风"呀！

【作者简介】 老舍(1899—1966)，原名舒庆春，中国现代小说家、语言大师、新中国第一位获得"人民艺术家"称号的作家。代表作有《骆驼祥子》《四世同堂》、剧本《茶馆》。

夏　天

汪曾祺

夏天的早晨真舒服。空气很凉爽，草上还挂着露水(蜘蛛网上也挂着露水)，写大字一张，读古文一篇。夏天的早晨真舒服。

凡花大都是五瓣，栀子花却是六瓣。山歌云："栀子花开六瓣头。"栀子花粗粗大大，色白，近蒂处微绿，极香，香气简直有点叫人受不了，我的家乡人说是："碰鼻子香"。栀子花粗粗大大，又香得掸都掸不开，于是为文雅人不取，以为品格不高。栀子花说："我就是要这样香，香得痛痛快快，你们请别管！"

人们往往把栀子花和白兰花相比。苏州姑娘串街卖花，娇声叫卖："栀子花！白兰花！"白兰花花朵半开，娇娇嫩嫩，如象牙白色，香气文静，但有点甜俗，为上海长三堂子的"倌人"所喜，因为听说白兰花要到夜间枕上才格外的香。我觉得红"倌人"的枕上之花，不如船娘鬓边花更为刺激。

夏天的花里最为幽静的是珠兰。牵牛花短命。早晨沾露才开，午时即已萎谢。秋葵也命薄。瓣淡黄，白心，心外有紫晕。风吹薄瓣，

楚楚可怜。凤仙花有单瓣者,有重瓣者。重瓣者如小牡丹,凤仙花茎粗肥,湖南人用以腌"臭咸菜",此吾乡所未有。马齿苋、狗尾巴草、益母草,都长得非常旺盛。淡竹叶开浅蓝色小花,如小蝴蝶,很好看。叶片微似竹叶而较柔软。

"万把钩"即苍耳。因为结的小果上有许多小钩,碰到它就会挂在衣服上,得小心摘去。所以孩子叫它"万把钩"。

我们那里有一种"巴根草",贴地而去,是见缝扎根,一棵草蔓延开来,长了很多根,横的,竖的,一大片。而且非常顽强,拉扯不断。很小的孩子就会唱:

巴根草,绿茵茵,唱个唱,把狗听。

最讨厌的是"臭芝麻"。掏蟋蟀、捉金铃子,常常沾了一裤腿。奇臭无比,很难除净。

西瓜以绳络悬之井中,下午剖食,一刀下去,喀嚓有声,凉气四溢,连眼睛都是凉的。

天下皆重"黑籽红瓤",吾乡独以"三白"为贵:白皮、白瓤、白籽。"三白"以东墩产者最佳。

香瓜有:牛角酥,状似牛角,瓜皮淡绿色,刨去皮,则瓜肉浓绿,籽赤红,味浓而肉脆,北京亦有,谓之"羊角蜜";虾蟆酥,不甚甜而脆,嚼之有黄瓜香;梨瓜,大如拳,白皮,白瓤,生脆有梨香;有一种较大,皮色如虾蟆,不甚甜,而极"面",孩子们称之为"奶奶哼",说奶奶一边吃,一边"哼"。

蝈蝈,我的家乡叫作"叫蚰子"。叫蚰子有两种。一种叫"侉(kuǎ)叫蚰子"。那真是"侉",跟一个叫驴子似的,叫起来"咶咶咶咶"很吵人。喂它一点辣椒,更吵得厉害。一种叫"秋叫蚰子",全身碧绿如玻璃翠,小巧玲珑,鸣声亦柔细。

别出声,金铃子在小玻璃盒子里爬哪!它停下来,吃两口食——鸭梨切成小骰子块。于是它叫了"丁铃铃铃"……

乘凉。

搬一张大竹床放在天井里,横七竖八一躺,浑身爽利,暑气全消。看月华。月华五色晶莹,变幻不定,非常好看。月亮周围有一个模模糊糊的大圆圈,谓之"风圈",近几天会刮风。"乌猪子过江了"——黑云漫过天河,要下大雨。

一直到露水下来,竹床子的栏杆都湿了,才回去,这时已经很困了,才沾藤枕(我们那里夏天都枕藤枕或漆枕),已入梦乡。

鸡头米老了,新核桃下来了,夏天就快过去了。

【作者简介】 汪曾祺(1920—1997),江苏高邮人,中国当代作家、散文家、戏剧家、京派作家的代表人物。被誉为"抒情的人道主义者"。汪曾祺在短篇小说创作上颇有成就,对戏剧与民间文艺也有深入钻研。作品有《受戒》《晚饭花集》《逝水》《晚翠文谈》等。

秋　雨

张爱玲

雨，像银灰色黏(nián)湿的蛛丝，织成一片轻柔的网，网住了整个秋的世界。天也是暗沉沉的，像古老的住宅里缠满着蛛丝网的屋顶。那堆在天上的灰白色的云片，就像屋顶上剥落的白粉。在这古旧的屋顶的笼罩下，一切都是异常的沉闷。园子里绿翳翳的石榴、桑树、葡萄藤，都不过代表着过去盛夏的繁荣，现在已成了古罗马建筑的遗迹一样，在萧萧的雨声中瑟缩不宁，回忆着光荣的过去。草色已经转入忧郁的苍黄，地下找不出一点新鲜的花朵；宿舍墙外一带种的娇嫩的洋水仙，垂了头，含着满眼的泪珠，在那里叹息它们的薄命，才过了两天的晴美的好日子又遇到这样霉气薰蒸的雨天。只有墙角的桂花，枝头已经缀着几个黄金一样宝贵的嫩蕊，小心地隐藏在绿油油椭圆形的叶瓣下，透露出一点新生命萌芽的希望。

雨静悄悄地下着，只有一点细细的淅沥沥的声音。橘红色的房屋，像披着鲜艳的袈裟的老僧，垂头合目，受着雨底洗礼。那潮湿的红砖，发出有刺激性的猪血的颜色和墙下绿油油的桂叶成为强烈的对照。灰色的癞蛤蟆，在湿烂发霉的泥地里跳跃着；在秋雨的沉闷的网底，只有它是唯一的充满愉快的生气的东西。它背上灰黄斑驳的花纹，跟沉闷的天空遥遥相应，造成和谐的色调。它噗通噗通地跳着，从草窠里，跳到泥里，溅出深绿的水花。

雨，像银灰色黏濡的蛛丝，织成一片轻柔的网，网住了整个秋的世界。

【作者简介】　张爱玲(1920—1995)，中国现代女作家。1943年至1944年，创作和发表了《沉香屑·第一炉香》《沉香屑·第二炉香》《茉莉香片》《倾城之恋》《红玫瑰与白玫瑰》等小说。1955年，张爱玲赴美国定居，创作英文小说多部，但仅出版一部。1969年以后主要从事古典小说的研究，著有红学论集《红楼梦魇》。1995年9月在美国洛杉矶去世，终年75岁。

雪

鲁 迅

　　暖国的雨，向来没有变过冰冷的坚硬的灿烂的雪花。博识的人们觉得他单调，他自己也以为不幸否耶？江南的雪，可是滋润美艳之至了；那是还在隐约着的青春的消息，是极壮健的处子的皮肤。雪野中有血红的宝珠山茶，白中隐青的单瓣梅花，深黄的磬口的蜡梅花；雪下面还有冷绿的杂草。胡蝶(注：同"蝴蝶")确乎没有；蜜蜂是否来采山茶花和梅花的蜜，我可记不真切了。但我的眼前仿佛看见冬花开在雪野中，有许多蜜蜂们忙碌地飞着，也听得他们嗡嗡地闹着。

　　孩子们呵着冻得通红，像紫芽姜一般的小手，七八个一齐来塑雪罗汉。因为不成功，谁的父亲也来帮忙了。罗汉就塑得比孩子们高得多，虽然不过是上小下大的一堆，终于分不清是壶卢(注：同"葫芦")还是罗汉；然而很洁白，很明艳，以自身的滋润相粘结，整个地闪闪地生光。孩子们用龙眼核给他做眼珠，又从谁的母亲的脂粉奁中偷得胭脂来涂在嘴唇上。这回确是一个大阿罗汉了。他也就目光灼灼地嘴唇通红地坐在雪地里。

　　第二天还有几个孩子来访问他；对了他拍手，点头，嬉笑。但他终于独自坐着了。晴天又来消释他的皮肤，寒夜又使他结一层冰，化作不透明的水晶模样；连续的晴天又使他成为不知道算什么，而嘴上的胭脂也褪尽了。

　　但是，朔方的雪花在纷飞之后，却永远如粉，如沙，他们决不粘连，撒在屋上，地上，枯草上，就是这样。屋上的雪是早已就有消化了的，因为屋里居人的火的温热。别的，在晴天之下，旋风忽来，便蓬勃地奋飞，在日光中灿灿地生光，如包藏火焰的大雾，旋转而且升腾，弥漫太空；使太空旋转而且升腾地闪烁。

　　在无边的旷野上，在凛冽的天宇下，闪闪地旋转升腾着的是雨的精魂……

　　是的，那是孤独的雪，是死掉的雨，是雨的精魂。

【作者简介】　鲁迅(1881—1936)，原名周樟寿，后改名周树人，"鲁迅"是他1918年发表《狂人日记》时所用的笔名，也是他影响最为广泛的笔名，浙江绍兴人。著名文学家、思想家，五四新文化运动的重要参与者，中国现代文学的奠基人。毛泽东曾评价："鲁迅的方向，就是中华民族新文化的方向。"

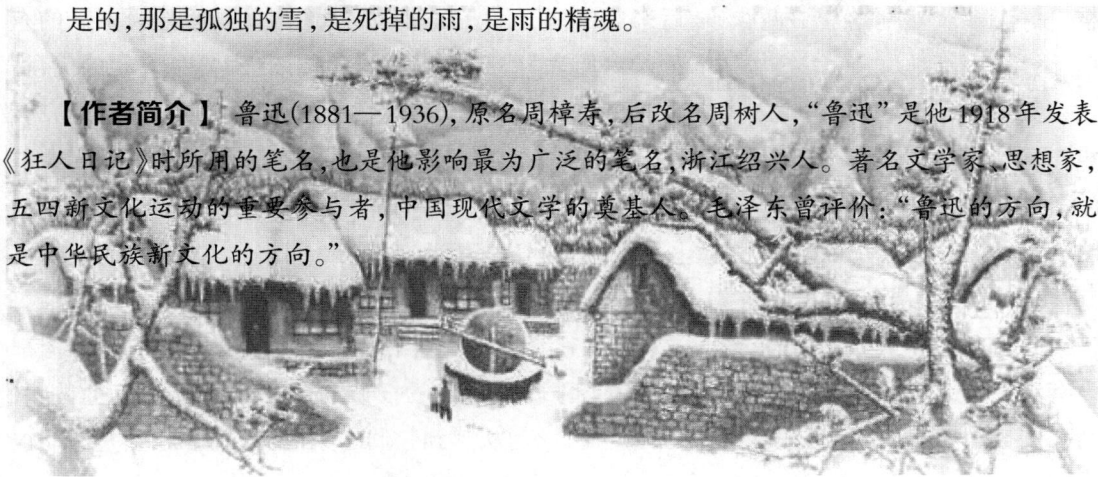

梧桐树

丰子恺

寓楼的窗前有好几株梧桐树。这些都是邻家院子里的东西,但在形式上是我所有的。因为它们和我隔着适当的距离,好像是专门种给我看的。它们的主人,对于它们的局部状态也许比我看得清楚;但是对于它们的全体容貌,恐怕始终没看清楚呢。因为这必须隔着相当的距离方才看见。唐人诗云:山远始为容。我以为树亦如此。自初夏至今,这几株梧桐树在我面前浓妆淡抹,显出了种种的容貌。

当春尽夏初,我眼看见新桐初乳的光景。那些嫩黄的小叶子一簇簇地顶在秃枝头上,好像一堂树灯,又好像小学生的剪贴图案,布置均匀而带幼稚气。植物的生叶,也有种种技巧:有的新陈代谢,瞒过了人的眼睛而在暗中偷换青黄。有的微乎其微,渐乎其渐,使人不觉察其由秃枝变成绿叶。只有梧桐树的生叶技巧最为拙劣,但态度最为坦白。它们的枝头疏而粗,它们的叶子平而大。叶子一生,全树显然变容。

在夏天,我又眼看见绿叶成荫的光景。那些团扇大的叶片,长得密密层层,望去不留一线空隙,好像一个大绿障;又好像图案画中的一座青山。在我所常见的庭院植物中,叶子之大,除了芭蕉以外,恐怕无过于梧桐了。芭蕉叶形状虽大,数目不多,那丁香结要过好几天才展开一张叶子来,全树的叶子寥寥可数。梧桐叶虽不及它大,可是数目繁多。那猪耳朵一般的东西,重重叠叠地挂着,一直从低枝上挂到树顶。窗前摆了几枝梧桐,我觉得绿意实在太多了。古人说芭蕉分绿上窗纱,眼光未免太低,只是阶前窗下的所见而已。若登楼眺望,芭蕉便落在眼底,应见梧桐分绿上窗纱了。

一个月以来,我又眼看见梧桐叶落的光景。样子真凄惨呢!最初绿色黑暗起来,变成墨绿;后来又由墨绿转成焦黄;北风一吹,它们大惊小怪地闹将起来,大大的黄叶便开始辞枝——起初突然地落脱一两张来;后来成群地飞下一大批来,好像谁从高楼上丢下来的东西。枝头渐渐地虚空了,露出树后面的房屋来、终于只剩下几根枝条,回复了春初的面目。这几天它们空手站在我的窗前,好像曾经娶妻生子而家破人亡了的光棍,样子怪可怜的!我想起了古人的诗:高高山头树,风吹叶落去。一去数千里,何当还故处?现在倘要搜集它们的一切落叶来,使它们一齐变绿,重还故枝,回复夏日的光景,即使仗了世间一切支配者的势力,尽了世间一切机械的效能,也是不可能的事了!回黄转绿世间多,但象征悲哀的莫如落叶,尤其是梧桐的落叶。

但它们的主人,恐怕没有感到这种悲哀。因为他们虽然种植了它们,所有了它们,但都没有看见上述的种种光景。他们只是坐在窗下瞧瞧它们的根干,站在阶前仰望它们的枝叶,为它们扫扫落叶而已,何从看见它们的容貌呢?何从感到它们的象征呢?可知自然是不能被占有的。可知艺术也是不能被占有的。

【作者简介】 丰子恺(1896—1975),浙江省桐乡市石门镇人。原名丰润,又名仁、仍,号子颛,后改为子恺,笔名TK,以中西融合画法创作漫画以及散文创作使他声名鹊起。丰子恺是中国现代画家、散文家、美术教育家、音乐教育家、漫画家、书法家和翻译家。

银　杏

郭沫若

银杏,我思念你,我不知道你为什么又叫公孙树。但一般人叫你是白果,那是容易了解的。

我知道,你的特征并不专在乎你有这和杏相仿的果实,核皮是纯白如银,核仁是富于营养——这不用说已经就足以为你的特征了。

但一般人并不知道你是有花植物中最古老的先进,你的花粉和胚珠具有着动物般的性态,你是完全由人力保存下来的奇珍。

自然界中已经是不能有你的存在了,但你依然挺立着,在太空中高唱着人间胜利的凯歌。

你这东方的圣者,你这中国人文的有生命的纪念塔,你是只有在中国才有呀,一般人似乎也并不知道。

我到过日本,日本也有你,但你分明是日本的华侨,你侨居在日本大约已有中国的文化侨居在日本那样久远了吧。

你是真应该称为中国的国树的呀,我是喜欢你,我特别的喜欢你。

但也并不是因为你是中国的特产,我才特别的喜欢,是因为你美,你真,你善。

你的株干是多么的端直,你的枝条是多么的蓬勃,你那摺扇形的叶片是多么的青翠,多么的莹洁,多么的精巧呀!

在暑天你为多少的庙宇戴上了巍峨的云冠,你也为多少的劳苦人撑出了清凉的华盖。

梧桐虽有你的端直而没有你的坚牢;

白杨虽有你的葱茏而没有你的庄重。

熏风会媚抚你,群鸟时来为你欢歌,上帝百神——假如是有上帝百神,我相信每当皓月流空,他们会在你脚下来聚会。

秋天到来,蝴蝶已经死了的时候,你的碧叶要翻成金黄,而且又会飞出满园的蝴蝶。

你不是一位巧妙的魔术师吗?但你丝毫也没有令人掩鼻的那种的江湖气息。

当你那解脱了一切，你那槎桠的枝干挺撑在太空中的时候，你对于寒风霜雪毫不避易。

那是多么的嶙峋而洒脱呀，恐怕自有佛法以来再也不曾产生过像你这样的高僧。

你没有丝毫依阿取容的姿态，但你也并不荒伧，你的美德像音乐一样洋溢八荒，但你也并不骄傲，你的名讳似乎就是超然，你超在乎一切的草木之上，你超在乎一切之上，但你并不隐遁。

你的果实不是可以滋养人，你的木质不是坚实的器材，就是你的落叶不也是绝好的引火的燃料吗？

可是我真有点奇怪了，奇怪的是中国人似乎大家都忘记了你，而且忘记得很久远，似乎是从古以来。

我在中国的经典中找不出你的名字，我没有读过中国的诗人咏赞你的诗。我没有看见过中国的画家描写你的画。

这究竟是怎么一回事呀，你是随中国文化以俱来的亘古的证人，你不也是以为奇怪吗？

银杏，中国人是忘记了你呀，大家虽然都在吃你的白果，都喜欢吃你的白果，但的确是忘记了你呀。

世间上也仅有不辨菽麦的人，但把你忘记得这样普遍，这样久远的例子，从来也不曾有过。

真的啦，陪都不是首善之区吗？但我就很少看见你的影子，为什么遍街都是洋槐，满园都是幽加里树呢？

我是怎样的思念你呀，银杏！我可希望你不要把中国忘记吧。

这事情是有点危险的，我怕你一不高兴，会从中国的地面上隐遁下去。

在中国的领空中会永远听不着你赞美生命的欢歌。

银杏，我真希望呀，希望中国人单为能更多吃你的白果，总有能更加爱慕你的一天。

一九四二年五月二十三日

【作者简介】　郭沫若(1892—1978)，原名郭开贞，笔名沫若，1892年11月16日出生于四川乐山沙湾，现代文学家、历史学家、新诗奠基人之一。

中秋的月亮

周作人

敦礼臣著《燕京岁时记》云："京师之日八月节者，即中秋也。每届中秋，府第朱门皆以月饼果品相馈赠，至十五月圆时，陈瓜果于庭以供月，并祝以毛豆鸡冠花。是时也，皓魄当空，彩云初散，传杯洗盏，儿女喧哗，真所谓佳节也。惟供月时，男子多不叩拜，故京师谚日，男不拜月，女不祭灶。"此记作于四十年前，至今风俗似无甚变更，虽民生调敝，百物较二年前超过五倍，但中秋吃月饼恐怕还不肯放弃，至于赏月则未必有此兴趣了罢。本来举杯邀月这只是文人的雅兴，秋高气爽，月色分外光明，更觉得有意思，特别定这日为佳节，若在民间不见得有多大兴味，大抵就是算账要紧，月饼尚在其次。我回想乡间一般对于月亮的意见，觉得这与文人学者的颇不相同。普通称月日月亮婆婆，中秋供素月饼水果及老南瓜，又凉水一碗，妇孺拜毕，以指蘸水涂目，祝曰眼目清凉。相信月中有裟婆树，中秋夜有一枝落下人间，此亦似即所谓月华，但不幸如落在人身上，必成奇疾，或头大如斗，必须断开，乃能取出宝物也。月亮在天文中本是一种怪物，忽圆忽缺，诸多变异，潮水受它的呼唤，古人又相信其与女人生活有关。更奇的是与精神病者也有微妙的关系，拉丁文便称此病日月光病，仿佛与日射病可以对比似的。这说法现代医家当然是不承认了，但是我还有点相信，不是说其间隔发作的类似，实在觉得月亮有其可怕的一面，患怔忡的人见，了会生影响，正是可能的事罢。好多年前夜间从东城口家来，路上望见在昏黑的天上，挂着一钩深黄的残月，看去很是凄惨，我想我们现代都市人尚且如此感觉，古时原始生活的人当更如何？住在岩窟之下，遇见这种情景，听着豺狼嗥叫，夜鸟飞鸣，大约没有什么好的心情——不，即使并无这些禽兽骚扰，单是那月亮的威吓也就够了，它简直是一个妖怪，别的种种异物喜欢在月夜出现，这也只是风云之会，不过跑龙套罢了。等到月亮渐渐地圆了起来，它的形相也渐和善了，望前后的三天光景几乎是一位富翁的脸，难怪能够得到许多人的喜悦，可是总是有一股冷气，无论如何还是去不掉的。"只恐琼楼玉宇，高处不胜寒，"东坡这句词很能写出明月的精神来，向来传说的忠爱之意究竟是否寄托在内，现在不关重要，可以姑且不谈。总之我于赏月无甚趣味，赏雪赏雨也是一样，因为对于自然还是畏过于爱，自己不敢相信已能克服了自然，所以有些文明人的享乐是于我颇少缘分的。中秋的意义，在我个人看来，吃月饼之重要殆过于看月亮，而还账又过于吃月饼，然则我诚犹未免为乡人也。

【作者简介】 周作人(1885—1967)，浙江绍兴人，是鲁迅(周树人)之弟，周建人之兄。中国现代著名散文家、文学理论家、评论家、诗人、翻译家、思想家。

白 马 湖

朱自清

今天是个下雨的日子。这使我想起了白马湖;因为我第一回到白马湖,正是微风飘萧的春日。

白马湖在甬绍铁道的驿亭站,是个极小极小的乡下地方。在北方说起这个名字,管保一百个人一百个人不知道。但那却是一个不坏的地方。这名字先就是一个不坏的名字。据说从前(宋时?)有个姓周的骑白马入湖仙去,所以有这个名字。这个故事也是一个不坏的故事。假使你乐意搜集,或也可编成一本小书,交北新书局印去。

白马湖并非圆圆的或方方的一个湖,如你所想到的,这是曲曲折折大大小小许多湖的总名。湖水清极了,如你所能想到的,一点儿不含糊,像镜子。沿铁路的水,再没有比这里清的,这是公论。遇到旱年的夏季,别处湖里都长了草,这里却还是一清如故。白马湖最大的,也是最好的一个,便是我们住过的屋的门前那一个。那个湖不算小,但湖口让两面的山包抄住了。外面只见微微的碧波而已,想不到有那么大的一片。湖的尽里头,有一个三四十户人家的村落,叫做西徐岙,因为姓徐的多。这村落与外面本是不相通的,村里人要出来得撑船。后来春晖中学在湖边造了房子,这才造了两座玲珑的小木桥,筑起一道煤屑路,直通到驿亭车站。那是窄窄的一条人行路,蜿蜒曲折的,路上虽常不见人,走起来却不见寂寞——尤其在微雨的春天,一个初到的来客,他左顾右盼,是只有觉得热闹的。

春晖中学在湖的最胜处,我们住过的屋也相去不远,是半西式。湖光山色从门里从墙头进来,到我们窗前、桌上。我们几家接连着;丏翁的家最讲究。屋里有名人字画,有古瓷,有铜佛,院子里满种着花。屋子里的陈设又常常变换,给人新鲜的受用。他有这样好的屋子,又是好客如命,我们便不时地上他家里喝老酒。丏翁夫人的烹调也极好,每回总是满满的盘碗拿出来,空空地收回去。白马湖最好的时候是黄昏。湖上的山笼着一层青色的薄雾,在水里映着参差的模糊的影子。水光微微地暗淡,像是一面古铜镜。轻风吹来,有一两缕波纹,但随即平静了。天上偶见几只归鸟,我们看着它们越飞越远,直到不见为止。这个时候便是我们喝酒的时候。我们说话很少;上了灯话才多些,但大家都已微有醉意。是该回家的时候了。若有月光也许还得徘徊一会儿;若是黑夜,便在暗里摸索醉着回去。

白马湖的春日自然最好。山是青得要滴下来,水是满满的、软软的。小马路的两边,一株间一株地种着小桃与杨柳。小桃上各缀着几朵重瓣的红花,像夜空的疏星。杨柳在暖风里不住地摇曳。在这路上走着,时而听见锐而长的火车的笛声是别有风味的。在春天,不论是晴是雨,是月夜是黑夜,白马湖都好——雨中田里菜花的颜色最早鲜艳;黑夜虽什么不见,但可静静地受用春天的力量。夏夜也有好处,有月时可以在湖里划小船,四面满是青霭。

船上望别的村庄，像是蜃楼海市，浮在水上，迷离徜恍的；有时听见人声或犬吠，大有世外之感。若没有月呢，便在田野里看萤火。那萤火不是一星半点的，如你们在城中所见；那是成千成百的萤火。一片儿飞出来，像金线网似的，又像耍着许多火绳似的。只有一层使我愤恨。那里水田多，蚊子太多，而且几乎全闪闪烁烁是疟蚊子。我们一家都染了疟疾，至今三四年了，还有未断根的。蚊子多足以减少露坐夜谈或划船夜游的兴致，这未免是美中不足了。

离开白马湖是三年前的一个冬日。前一晚"别筵"上，有丏翁与云君，我不能忘记丏翁，那是一个真挚豪爽的朋友。但我也不能忘记云君，我应该这样说，那是一个可爱的——孩子。

七月十四日，北平

【作者简介】 朱自清(1898—1948)，原名自华，号秋实，后改名自清，字佩弦。中国近代散文家、诗人、学者、民主战士。1919年开始发表诗歌。1928年第一本散文集《背影》出版。1932年7月，任清华大学中国文学系主任。1934年，出版《欧游杂记》和《伦敦杂记》。1935年，出版散文集《你我》。

立德启智

召（邵）公谏厉王弭谤

〔春秋〕 左丘明

原文

厉王虐，国人谤王。召公告曰："民不堪命矣！"王怒，得卫巫，使监谤者。以告，则杀之。国人莫敢言，道路以目。

王喜，告召公曰："吾能弭谤矣，乃不敢言。"召公曰："是障之也。防民之口，甚于防川。川壅而溃，伤人必多，民亦如之。是故为川者决之使导，为民者宣之使言。故天子听政，使公卿至于列士献诗，瞽献曲，史献书，师箴，瞍赋，矇诵，百工谏，庶人传语，近臣尽规，亲戚补察，瞽、史教诲，耆、艾修之，而后王斟酌焉，是以事行而不悖。民之有口，犹土之有山川也，财用于是乎出；犹其有原隰衍沃也，衣食于是乎生。口之宣言也，善败于是乎兴。行善而备败，其所以阜财用衣食者也。夫民虑之于心而宣之于口，成而行之，胡可壅也？若壅其口，其与能几何？"

王不听，于是国人莫敢出言。三年，乃流王于彘。

译文

周厉王残暴无道，老百姓纷纷责骂他。召（邵）穆公对厉王说："老百姓已不堪忍受暴虐的政令啦！"厉王听了勃然大怒，找到一个卫国的巫者，派他暗中监视敢于指责天子的人，一经巫者告密，就横加杀戮。于是人们都不敢随便说话，在路上相遇，也只能以眼神表达内心的愤恨。

　　周厉王颇为得意,告诉召(邵)公说:"我能制止毁谤啦,老百姓再也不敢吭声了。"召(邵)公回答说:"你这样做只能堵住人们的嘴。可是防范老百姓的嘴,比防备河水泛滥更不易。河道因堵塞而造成决口,就会伤害很多人。倘使堵住老百姓的口,后果也将如此。因而治水者只能排除壅塞而加以疏通,治民者只能善于开导而让人说话。所以君王处理政事,让三公九卿以至各级官吏进献讽喻诗,乐师进献民间乐曲,史官进献有借鉴意义的史籍,少师诵读箴言,无眸子的盲人吟咏诗篇,有眸子的盲人诵读讽谏之言,掌管营建事务的百工进谏,平民将自己的意见转达给君王,近侍之臣尽规劝之责,君王的内亲外戚都能补其过失,察其是非,乐师和史官以歌曲、史籍加以谆谆教导,年长的师傅再进一步修饰整理,然后由君王斟酌取舍,付诸实施,这样,国家的政事得以实行而不背理。老百姓有口,就像大地有高山河流一样,社会的物资财富全靠它出产;又像高原和低地都有平坦肥沃的良田一样,人类的衣食物品全靠它产生。人们用嘴巴发表议论,政事的成败得失就能表露出来。人们以为好的就尽力实行,以为失误的就设法预防,这样社会的衣食财富就会日益丰富,不断增加。人们心中所想通过嘴巴表达出来,朝廷以为行得通的就照着实行,怎么可以堵呢? 如果硬是堵住老百姓的嘴,那又能堵多久呢? "

　　周厉王不听,于是老百姓再也不敢公开发表言论指斥他。过了三年,人们终于把这个暴君放逐到彘地去了。

五柳先生传

〔东晋〕 陶渊明

原文

先生不知何许人也,亦不详其姓字,宅边有五柳树,因以为号焉。闲静少言,不慕荣利。好读书,不求甚解;每有会意,便欣然忘食。性嗜酒,家贫不能常得。亲旧知其如此,或置酒而招之;造饮辄尽,期在必醉。既醉而退,曾不吝情去留。环堵萧然,不蔽风日;短褐穿结,箪瓢屡空,晏如也。常著文章自娱,颇示己志。忘怀得失,以此自终。

赞曰:黔娄之妻有言"不戚戚于贫贱,不汲汲于富贵。"其言兹若人之俦乎?衔觞赋诗,以乐其志,无怀氏之民欤?葛天氏之民欤?

译文

这位先生不知道是什么地方人,也弄不清他的姓名。他的住宅旁边种有五棵柳树,因此就用"五柳"作为他的别号了。五柳先生安闲沉静,不好言谈,也不羡慕荣华利禄。喜欢读书,但不执着于对一字一句地琐细解释;每当读书有所领悟的时候,就会高兴得忘了吃饭。生性嗜好喝酒,但因为家贫而不能经常得到。亲朋好友知道他这种境况,有时备酒招待他。他前去饮酒时总是开怀畅饮,直到大醉方休;醉后就向主人告辞,从不以去留为意。他的住室四壁空空荡荡,破旧得连风和太阳都无法遮挡,穿的粗布短衣打满了补丁,饮食简陋而且经常短缺,他却能安然自得。他常常以写诗作文章当娱乐,抒发自己的志趣。他能够忘掉世俗的得失,只愿这样度过自己的一生。

赞曰:黔娄的妻子曾经这样述说自己的丈夫"不因为处境贫困而终日忧心忡忡,不为了追求富贵而到处奔走钻营。"推究她所说的话,五柳先生不就是黔娄那样的人物吗?饮酒赋诗,满足自己的志趣,这不是成了生活在无怀氏、葛天氏时代里的人了吗?

原　毁

〔唐〕　韩　愈

原文

古之君子，其责己也重以周，其待人也轻以约。重以周，故不怠；轻以约，故人乐为善。

闻古之人有舜者，其为人也，仁义人也。求其所以为舜者，责于己曰："彼，人也；予，人也。彼能是，而我乃不能是！"早夜以思，去其不如舜者，就其如舜者。闻古之人有周公者，其为人也，多才与艺人也。求其所以为周公者，责于己曰："彼，人也；予，人也。彼能是，而我乃不能是！"早夜以思，去其不如周公者，就其如周公者。舜，大圣人也，后世无及焉；周公，大圣人也，后世无及焉。是人也，乃曰："不如舜，不如周公，吾之病也。"是不亦责于身者重以周乎！其于人也，曰："彼人也，能有是，是足为良人矣；能善是，是足为艺人矣。"取其一，不责其二；即其新，不究其旧：恐恐然惟惧其人之不得为善之利。一善易修也，一艺易能也，其于人也，乃曰："能有是，是亦足矣。"曰："能善是，是亦足矣。"不亦待于人者轻以约乎？

今之君子则不然。其责人也详，其待己也廉。详，故人难于为善；廉，故自取也少。己未有善，曰："我善是，是亦足矣。"己未有能，曰："我能是，是亦足矣。"外以欺于人，内以欺于心，未少有得而止矣，不亦待其身者已廉乎？

其于人也，曰："彼虽能是，其人不足称也；彼虽善是，其用不足称也。"举其一，不计其十；究其旧，不图其新：恐恐然惟惧其人之有闻也。是不亦责于人者已详乎？

夫是之谓不以众人待其身，而以圣人望于人，吾未见其尊己也。

<ruby>虽<rt>suī</rt></ruby><ruby>然<rt>rán</rt></ruby>，<ruby>为<rt>wéi</rt></ruby><ruby>是<rt>shì</rt></ruby><ruby>者<rt>zhě</rt></ruby>，<ruby>有<rt>yǒu</rt></ruby><ruby>本<rt>běn</rt></ruby><ruby>有<rt>yǒu</rt></ruby><ruby>原<rt>yuán</rt></ruby>，<ruby>怠<rt>dài</rt></ruby><ruby>与<rt>yǔ</rt></ruby><ruby>忌<rt>jì</rt></ruby><ruby>之<rt>zhī</rt></ruby><ruby>谓<rt>wèi</rt></ruby><ruby>也<rt>yě</rt></ruby>。<ruby>怠<rt>dài</rt></ruby><ruby>者<rt>zhě</rt></ruby><ruby>不<rt>bù</rt></ruby><ruby>能<rt>néng</rt></ruby><ruby>修<rt>xiū</rt></ruby>，<ruby>而<rt>ér</rt></ruby><ruby>忌<rt>jì</rt></ruby><ruby>者<rt>zhě</rt></ruby><ruby>畏<rt>wèi</rt></ruby><ruby>人<rt>rén</rt></ruby><ruby>修<rt>xiū</rt></ruby>。<ruby>吾<rt>wú</rt></ruby><ruby>尝<rt>cháng</rt></ruby><ruby>试<rt>shì</rt></ruby><ruby>之<rt>zhī</rt></ruby><ruby>矣<rt>yǐ</rt></ruby>，<ruby>尝<rt>cháng</rt></ruby><ruby>试<rt>shì</rt></ruby><ruby>语<rt>yǔ</rt></ruby><ruby>于<rt>yú</rt></ruby><ruby>众<rt>zhòng</rt></ruby><ruby>曰<rt>yuē</rt></ruby>："<ruby>某<rt>mǒu</rt></ruby><ruby>良<rt>liáng</rt></ruby><ruby>士<rt>shì</rt></ruby>，<ruby>某<rt>mǒu</rt></ruby><ruby>良<rt>liáng</rt></ruby><ruby>士<rt>shì</rt></ruby>。"<ruby>其<rt>qí</rt></ruby><ruby>应<rt>yìng</rt></ruby><ruby>者<rt>zhě</rt></ruby>，<ruby>必<rt>bì</rt></ruby><ruby>其<rt>qí</rt></ruby><ruby>人<rt>rén</rt></ruby><ruby>之<rt>zhī</rt></ruby><ruby>与<rt>yǔ</rt></ruby><ruby>也<rt>yě</rt></ruby>；<ruby>不<rt>bù</rt></ruby><ruby>然<rt>rán</rt></ruby>，<ruby>则<rt>zé</rt></ruby><ruby>其<rt>qí</rt></ruby><ruby>所<rt>suǒ</rt></ruby><ruby>疏<rt>shū</rt></ruby><ruby>远<rt>yuǎn</rt></ruby><ruby>不<rt>bù</rt></ruby><ruby>与<rt>yǔ</rt></ruby><ruby>同<rt>tóng</rt></ruby><ruby>其<rt>qí</rt></ruby><ruby>利<rt>lì</rt></ruby><ruby>者<rt>zhě</rt></ruby><ruby>也<rt>yě</rt></ruby>；<ruby>不<rt>bù</rt></ruby><ruby>然<rt>rán</rt></ruby>，<ruby>则<rt>zé</rt></ruby><ruby>其<rt>qí</rt></ruby><ruby>畏<rt>wèi</rt></ruby><ruby>也<rt>yě</rt></ruby>。<ruby>不<rt>bú</rt></ruby><ruby>若<rt>ruò</rt></ruby><ruby>是<rt>shì</rt></ruby>，<ruby>强<rt>qiáng</rt></ruby><ruby>者<rt>zhě</rt></ruby><ruby>必<rt>bì</rt></ruby><ruby>怒<rt>nù</rt></ruby><ruby>于<rt>yú</rt></ruby><ruby>言<rt>yán</rt></ruby>，<ruby>懦<rt>nuò</rt></ruby><ruby>者<rt>zhě</rt></ruby><ruby>必<rt>bì</rt></ruby><ruby>怒<rt>nù</rt></ruby><ruby>于<rt>yú</rt></ruby><ruby>色<rt>sè</rt></ruby><ruby>矣<rt>yǐ</rt></ruby>。<ruby>又<rt>yòu</rt></ruby><ruby>尝<rt>cháng</rt></ruby><ruby>语<rt>yǔ</rt></ruby><ruby>于<rt>yú</rt></ruby><ruby>众<rt>zhòng</rt></ruby><ruby>曰<rt>yuē</rt></ruby>："<ruby>某<rt>mǒu</rt></ruby><ruby>非<rt>fēi</rt></ruby><ruby>良<rt>liáng</rt></ruby><ruby>士<rt>shì</rt></ruby>，<ruby>某<rt>mǒu</rt></ruby><ruby>非<rt>fēi</rt></ruby><ruby>良<rt>liáng</rt></ruby><ruby>士<rt>shì</rt></ruby>。"<ruby>其<rt>qí</rt></ruby><ruby>不<rt>bú</rt></ruby><ruby>应<rt>yìng</rt></ruby><ruby>者<rt>zhě</rt></ruby>，<ruby>必<rt>bì</rt></ruby><ruby>其<rt>qí</rt></ruby><ruby>人<rt>rén</rt></ruby><ruby>之<rt>zhī</rt></ruby><ruby>与<rt>yǔ</rt></ruby><ruby>也<rt>yě</rt></ruby>，<ruby>不<rt>bù</rt></ruby><ruby>然<rt>rán</rt></ruby>，<ruby>则<rt>zé</rt></ruby><ruby>其<rt>qí</rt></ruby><ruby>所<rt>suǒ</rt></ruby><ruby>疏<rt>shū</rt></ruby><ruby>远<rt>yuǎn</rt></ruby><ruby>不<rt>bù</rt></ruby><ruby>与<rt>yǔ</rt></ruby><ruby>同<rt>tóng</rt></ruby><ruby>其<rt>qí</rt></ruby><ruby>利<rt>lì</rt></ruby><ruby>者<rt>zhě</rt></ruby><ruby>也<rt>yě</rt></ruby>，<ruby>不<rt>bù</rt></ruby><ruby>然<rt>rán</rt></ruby>，<ruby>则<rt>zé</rt></ruby><ruby>其<rt>qí</rt></ruby><ruby>畏<rt>wèi</rt></ruby><ruby>也<rt>yě</rt></ruby>。<ruby>不<rt>bú</rt></ruby><ruby>若<rt>ruò</rt></ruby><ruby>是<rt>shì</rt></ruby>，<ruby>强<rt>qiáng</rt></ruby><ruby>者<rt>zhě</rt></ruby><ruby>必<rt>bì</rt></ruby><ruby>说<rt>yuè</rt></ruby><ruby>于<rt>yú</rt></ruby><ruby>言<rt>yán</rt></ruby>，<ruby>懦<rt>nuò</rt></ruby><ruby>者<rt>zhě</rt></ruby><ruby>必<rt>bì</rt></ruby><ruby>说<rt>yuè</rt></ruby><ruby>于<rt>yú</rt></ruby><ruby>色<rt>sè</rt></ruby><ruby>矣<rt>yǐ</rt></ruby>。

<ruby>是<rt>shì</rt></ruby><ruby>故<rt>gù</rt></ruby><ruby>事<rt>shì</rt></ruby><ruby>修<rt>xiū</rt></ruby><ruby>而<rt>ér</rt></ruby><ruby>谤<rt>bàng</rt></ruby><ruby>兴<rt>xīng</rt></ruby>，<ruby>德<rt>dé</rt></ruby><ruby>高<rt>gāo</rt></ruby><ruby>而<rt>ér</rt></ruby><ruby>毁<rt>huǐ</rt></ruby><ruby>来<rt>lái</rt></ruby>。<ruby>呜<rt>wū</rt></ruby><ruby>呼<rt>hū</rt></ruby>！<ruby>士<rt>shì</rt></ruby><ruby>之<rt>zhī</rt></ruby><ruby>处<rt>chǔ</rt></ruby><ruby>此<rt>cǐ</rt></ruby><ruby>世<rt>shì</rt></ruby>，<ruby>而<rt>ér</rt></ruby><ruby>望<rt>wàng</rt></ruby><ruby>名<rt>míng</rt></ruby><ruby>誉<rt>yù</rt></ruby><ruby>之<rt>zhī</rt></ruby><ruby>光<rt>guāng</rt></ruby>，<ruby>道<rt>dào</rt></ruby><ruby>德<rt>dé</rt></ruby><ruby>之<rt>zhī</rt></ruby><ruby>行<rt>xíng</rt></ruby>，<ruby>难<rt>nán</rt></ruby><ruby>已<rt>yǐ</rt></ruby>！

<ruby>将<rt>jiāng</rt></ruby><ruby>有<rt>yǒu</rt></ruby><ruby>作<rt>zuò</rt></ruby><ruby>于<rt>yú</rt></ruby><ruby>上<rt>shàng</rt></ruby><ruby>者<rt>zhě</rt></ruby>，<ruby>得<rt>dé</rt></ruby><ruby>吾<rt>wú</rt></ruby><ruby>说<rt>shuō</rt></ruby><ruby>而<rt>ér</rt></ruby><ruby>存<rt>cún</rt></ruby><ruby>之<rt>zhī</rt></ruby>，<ruby>其<rt>qí</rt></ruby><ruby>国<rt>guó</rt></ruby><ruby>家<rt>jiā</rt></ruby><ruby>可<rt>kě</rt></ruby><ruby>几<rt>jǐ</rt></ruby><ruby>而<rt>ér</rt></ruby><ruby>理<rt>lǐ</rt></ruby><ruby>欤<rt>yú</rt></ruby>！

译文

古时候的君子，他要求自己严格而全面，他对待别人宽容又简约。严格而全面，所以不怠惰；宽容又简约，所以人家都乐意做好事。

听说古代的圣人舜，他是个仁义的人。（如果我们）探究舜所以成为圣人的道理，就（应该）责备自己说："他是个人，我也是个人，他能这样，我却不能这样！"早晚都要思考，改掉那不如舜的行为，去效仿舜的行为。听说古代的圣人周公，他是个多才多艺的人。（如果我们）探究他所以成为圣人的道理，就（应该）责备自己说："他是个人，我也是个人，他能这样，我却不能这样！"早晚都要思考，改掉那不如周公的，去效仿周公的行为。舜，是大圣人，后代没有能及得上他的，周公，是大圣人，后代没有能及得上他的；这些人却说："及不上舜，及不上周公，是我的缺点。"这不就是要求自身严格而且全面吗？他对待别人，说道："那个人啊，能有这点，这就够得上是良善的人了；能擅长这个，就算得上是有才能的人了。"肯定他一个方面，而不苛求他别的方面，看重他今天的表现，而不计较他的过去，小心谨慎地只恐怕别人得不到做好事应得的表扬。一件好事是容易做到的，一种技能是容易学得的，他对待别人，却说："能有这样，这就够了。"又说："能擅长这个，这就够了。"岂不是要求别人宽容又简约吗？

现在的君子可不同，他责备别人周详，他要求自己简约。周详，所以人家难以做好事；简约，所以自己进步就少。自己没有什么优点，说："我有这优点，这够了。"自己没有什么才能，说："我有这本领，这就够了。"对外欺骗别人，对己欺骗良心，还没有多少收获就止步不前，岂不是要求自身太少了吗？

他们要求别人，说："他虽然能做这个，但他的人品不值得赞美，他虽然擅长这个，但他的才用不值得称道。"举出他一方面的欠缺不考虑他多方面的长处，只追究他的既往，不考虑他的今天，心中惶惶不安只怕别人有好的名声。岂不是责求别人太周全了吗？

这就叫不用常人的标准要求自身，却用圣人的标准要求别人，我看不出他是自重的人啊！

尽管如此，这样做是有他的根源的，就是所谓怠惰和忌妒啊。怠惰的人不能具备自我修养，而忌妒的人害怕别人修身。我不止一次地试验过，曾经对大家说："某人是贤良的人，某人是贤良的人。"那随声附和的，一定是他的同伙；否则，就是和他疏远没有相同利害的人；否则，就是怕他的人。不然的话，强横的定会厉声反对，软弱的定会满脸不高兴。我又曾经试着对大家说："某人不是贤良的人，某人不是贤良的人。"那不随声附和的人，一定是他的同伙；否则，就是和他疏远没有相同利害的人；否则，就是怕他的人。不这样的话，强横的定会连声赞同，软弱的定会喜形于色。

因此，事业成功诽谤便随之产生；德望高了恶言就接踵而来。唉！读书人生活在当今世界上，而希求名誉的光大、德行的推广，很难啊！

在位的人想有所作为，听取我的说法并记在心中，那国家差不多就可以治理好了！

三戒（并序）

〔唐〕 柳宗元

原文

吾恒恶世之人，不知推己之本，而乘物以逞，或依势以干非其类，出技以怒强，窃时以肆暴，然卒迫于祸。有客谈麋、驴、鼠三物，似其事，作《三戒》。

其一　临江之麋

临江之人畋，得麋麑，畜之。入门，群犬垂涎，扬尾皆来。其人怒，怛之。自是日抱就犬，习示之，使勿动，稍使与之戏。积久，犬皆如人意。麋麑稍大，忘己之麋也，以为犬良我友，抵触偃仆，益狎。犬畏主人，与之俯仰甚善，然时啖其舌。

三年，麋出门，见外犬在道甚众，走欲与为戏。外犬见而喜且怒，共杀食之，狼藉道上，麋至死不悟。

其二　黔之驴

黔无驴，有好事者船载以入，至则无可用，放之山下。虎见之，庞然大物也，以为神。蔽林间窥之，稍出近之，慭慭然莫相知。

他日，驴一鸣，虎大骇远遁，以为且噬己也，甚恐。然往来视之，觉无异能者。益习其声，又近出前后，终不敢搏。稍近益狎，荡倚冲冒，驴不胜怒，蹄之。虎因喜，计之曰："技止此耳！"因跳踉大吼，断其喉，尽其肉，乃去。

噫！形之庞也类有德，声之宏也类有能，向不出其技，虎虽猛，疑畏，卒不敢取；今若是焉，悲夫！

其三　永某氏之鼠

永有某氏者，畏日，拘忌异甚。以为己生岁直子；鼠，子神也，因爱鼠，不畜猫犬，禁僮勿击鼠。仓廪庖厨，悉以恣鼠，不问。

由是鼠相告，皆来某氏，饱食而无祸。某氏室无完器，椸无完衣，饮食大率鼠之余也。昼累累与人兼行，夜则窃啮斗暴，其声万状，不可以寝，终不厌。

数岁，某氏徙居他州；后人来居，鼠为态如故。其人曰："是阴类，恶物也，盗暴尤甚。且何以至是乎哉？"假五六猫，阖门撤瓦灌穴，购僮罗捕之，杀鼠如丘，弃之隐处，臭数月乃已。

呜呼！彼以其饱食无祸为可恒也哉！

译文

我常常厌恶世上的某些人，他们不知道考虑自己的实际能力，而只是凭借外力来逞强；或者依仗势力和异己打交道，使出伎俩来激怒比他强的人，趁机胡作非为，但最后却招致了灾祸。有位客人同我谈起麋、驴、鼠三种动物的结局，我觉得与那些人的情形差不多，于是就作了这篇《三戒》。

《临江之麋》

临江有个人出去打猎，得到一只幼麋，就捉回家把它饲养起来。刚踏进家门，群狗一见，嘴边都流出了口水，摇着尾巴，纷纷聚拢过来。猎人大怒，把群狗吓退。从此猎人每天抱着幼麋与狗接近，让狗看了习惯，不去伤害幼麋，并逐渐使狗和幼麋一起游戏。经过了好长一段时间，狗都能听从人的意旨了。幼麋稍为长大后，却忘记了自己是麋类，以为狗是它真正的伙伴，开始和狗嬉戏，显得十分亲昵。狗因为害怕主人，也就很驯顺地和幼麋玩耍，可是又不时舔着自己的舌头，露出馋相。

这样过了三年，一次麋独自出门，见路上有许多不相识的狗，就跑过去与它们一起嬉戏。这些狗一见麋，又高兴又恼怒，共同把它吃了，骨头撒了一路。但麋至死都没有觉悟到这是怎么回事。

《黔之驴》

黔中道没有驴子，喜欢揽事的人就用船把驴子运了进去。运到以后，发现驴子没有什么用处，就把它放到山下。老虎看到驴子那巨大的身躯，以为是神怪出现。就躲到树林间暗中偷看，一会儿又稍稍走近观察，战战兢兢，但最终还是识不透驴子是什么东西。

一天，驴子大叫一声，把老虎吓得逃得远远的，以为驴子将要咬它，极为恐惧。然而老虎来回观察驴子的样子，觉得驴子并没有什么特别的本领。后来老虎更听惯了驴子的叫声，再次走近驴子，在它周围徘徊，但最终还是不敢上前搏斗。又稍稍走近驴子，越发轻侮地开始冲撞冒犯，驴子忍不住大怒，就用蹄来踢。老虎见了大喜，心中计算道："本领不过如此罢了。"于是老虎腾跃怒吼起来，上去咬断了驴子的喉管，吃尽了驴子的肉，然后离去。

唉！驴子形体庞大，好像很有法道，声音洪亮，好像很有本领，假使不暴露出自己的弱点，那么老虎虽然凶猛，也因为疑虑畏惧而终究不敢进攻；而现在却落得这个样子，真是可悲啊！

《永某氏之鼠》

永州有某人，怕犯日忌，拘执禁忌特别过分。认为自己出生的年份正当子年，而老鼠又是子年的生肖，因此爱护老鼠，家中不养猫狗，也不准仆人伤害老鼠。他家的粮仓和厨房，都任凭老鼠横行，从不过问。

因此老鼠就相互转告，都跑到某人家里，因为在此既能吃饱肚子，又很安全。某人家中没有一件完好无损的器物，笼筐箱架中没有一件完整的衣服，吃的大都是老鼠吃剩下的东西。白天老鼠成群结队地与人同行，夜里则偷咬东西，争斗打闹，发出各种各样的叫声，吵得人无法睡觉。但某人始终不觉得老鼠讨厌。

过了几年，某人搬到了别的地方。后面的人住进来后，老鼠的猖獗仍和过去一样。那人就说："老鼠是在阴暗角落活动的可恶动物，这里的鼠害又特别严重，为什么会达到这样严重的程度呢？"于是借来了五六只猫，关上屋门，翻开瓦片，用水灌洞，奖励四面围捕老鼠的仆人。捕杀到的老鼠，堆得像座小山。这些死老鼠都被丢弃在隐蔽无人的地方，臭气散发了数月才停止。

唉！难道那些老鼠以为自己可以长期吃得饱饱的而又没有灾祸吗？

读山海经·其十

〔东晋〕 陶渊明

精卫衔微木，将以填沧海。

刑天舞干戚，猛志固常在。

同物既无虑，化去不复悔。

徒设在昔心，良辰讵可待。

译文

精卫含着微小的木块，要用它填平沧海。

刑天挥舞着盾斧，刚毅的斗志始终存在。

同样是生灵不存余哀，化成了异物初衷不改。

如果没有这样的意志品格，美好的时光又怎么会到来？

赏析

这首诗赞叹神话形象精卫、刑天，取其虽死无悔、猛志常在之精神，而加以高扬，体现了陶渊明追求自由的反抗精神，表现了中国先民勇敢坚韧的品格。

赠 从 弟

〔东汉〕 刘 桢

亭亭山上松，瑟瑟谷中风。

风声一何盛，松枝一何劲。

冰霜正惨凄，终岁常端正。

岂不罹凝寒，松柏有本性。

译文

高山上挺拔耸立的松树，顶着山谷间瑟瑟呼啸的狂风。

风声是如此的强烈，而松枝是如此的刚劲！

任它满天冰霜惨惨凄凄，松树的腰杆终年端端正正。

难道是松树没有遭遇凝重的寒意？不，是松柏天生有着耐寒的本性！

赏析

此诗貌似咏物，实为言志，借青松之刚劲，明志向之坚贞。全诗由表及里，由此及彼，寓意高远，气壮脱俗。

拟行路难·其四

〔南朝〕 鲍 照

xiè shuǐ zhì píng dì　　gè zì dōng xī nán běi liú
泻水置平地，各自东西南北流。

rén shēng yì yǒu mìng　　ān néng xíng tàn fù zuò chóu
人生亦有命，安能行叹复坐愁？

zhuó jiǔ yǐ zì kuān　　jǔ bēi duàn jué gē lù nán
酌酒以自宽，举杯断绝歌路难。

xīn fēi mù shí qǐ wú gǎn　　tūn shēng zhí zhú bù gǎn yán
心非木石岂无感？吞声踯躅不敢言。

译 文

往平地上倒水,水会向不同方向流散,(正如每个人的贵贱穷达也是不同的)。

人生是既定的,怎么能成天自怨自艾。

喝点酒来宽慰自己,歌唱《行路难》,歌唱声因举杯饮酒而中断。

人心又不是草木,怎么会没有感情? 欲说还休,欲行又止,不再多说什么。

赏 析

此诗抒写诗人在门阀制度重压下,因深感世事艰难而激起的愤慨不平之情。入手便写水泻地面,四方流淌的现象,比喻了社会生活中高低贵贱不同处境的人,揭示出了现实社会里门阀制度的不合理性。诗人面对社会的黑暗,遭遇人间的不平,不可能无动于衷,无所感慨。

在 狱 咏 蝉

〔唐〕 骆宾王

xī lù chán shēng chàng　nán guān kè sī shēn
西陆蝉声唱,南冠客思深。

bù kān xuán bìn yǐng　lái duì bái tóu yín
不堪玄鬓影,来对白头吟。

lù zhòng fēi nán jìn　fēng duō xiǎng yì chén
露重飞难进,风多响易沉。

wú rén xìn gāo jié　shuí wèi biǎo yǔ xīn
无人信高洁,谁为表予心!

译 文

深秋季节西墙外寒蝉不停地鸣唱,蝉声把我这囚徒的愁绪带到远方。

怎堪忍受正当玄鬓盛年的好时光,独自吟诵白头吟这么哀怨的诗行。

露重翅薄欲飞不能世态多么炎凉,风多风大声响易沉难保自身芬芳。

无人知道我像秋蝉般的清廉高洁,有谁能替我表白冰清玉洁的心肠?

赏 析

　　此诗作于患难之中，作者歌咏蝉的高洁品行，以蝉比兴，以蝉寓己，寓情于物，寄托遥深，蝉人浑然一体，抒发了诗人品行高洁却"遭时徽缰"的哀怨悲伤之情，表达了辨明无辜、昭雪沉冤的愿望。全诗情感充沛，取譬明切，用典自然，语意双关，达到了物我一体的境界，是咏物诗中的名作。

小　松

〔唐〕　杜荀鹤

zì xiǎo cì tóu shēn cǎo lǐ　　ér jīn jiàn jué chū péng hāo
自小刺头深草里，而今渐觉出蓬蒿。

shí rén bù shí líng yún mù　　zhí dài líng yún shǐ dào gāo
时人不识凌云木，直待凌云始道高。

译 文

　　松树小的时候长在很深很深的草中，人们看不到它，
到现在才发现它已经比那些野草(蓬蒿)高出了许多。
那些人当时不识得可以长得高耸入云的树木，
直到它高耸入云，人们才说它高。

赏 析

　　这首诗借松写人，托物讽喻，字里行间充满理趣，耐人寻味。诗中对小松的描写，精练传神，表达了诗人虽然才华横溢，但由于出身贫穷而不受赏识的怀才不遇之情。诗人感叹道：眼光短浅的"时人"，是不会把小松看成是栋梁之材的，有多少小松，由于"时人不识"，而被摧残、被砍杀！

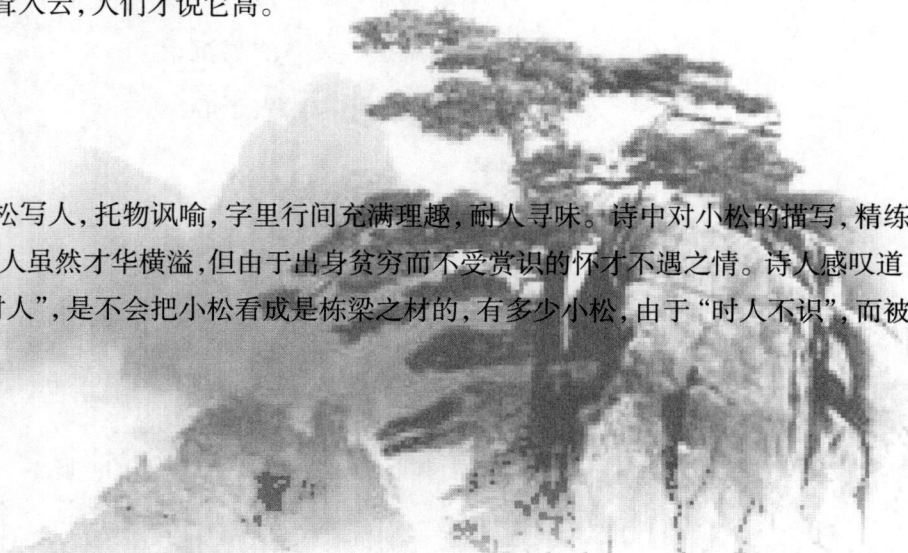

菊 花

〔唐〕 元 稹

秋丛绕舍似陶家，遍绕篱边日渐斜。

不是花中偏爱菊，此花开尽更无花。

译文

一丛一丛的秋菊环绕着房屋，看起来好似诗人陶渊明的家。(我)绕着篱笆观赏菊花，不知不觉太阳已经快落山了。(我)并不是在百花中偏爱菊花，只不过菊花凋谢之后便不能够看到更好的花了。

赏析

诗人从菊花凋谢最晚这个角度出发，写出了自己独爱菊花的理由。其中也暗含了对菊花历尽寒冷最后凋零的坚强品格的赞美之情。中国古典诗词常借物咏怀喻志，如屈原的《桔颂》、陈子昂的《感遇》都是范例。元稹《菊花》一诗赞菊花高洁的操守、坚强的品格，也采用了这种写作手法，寓有深意。

秋 日 偶 成

〔北宋〕 程 颢

闲来无事不从容，睡觉东窗日已红。

万物静观皆自得，四时佳兴与人同。

道通天地有形外，思入风云变态中。

富贵不淫贫贱乐，男儿到此是豪雄。

译文

我的日子过得很悠闲，做什么事情都不慌不忙。往往一觉醒来，东边的窗子早已被日头照得一片通红。

静观万物，都可以得到自然的乐趣，人们对一年四季中美妙风光的兴致都是一样的。

道理通着天地之间一切有形无形的事物，思想渗透在风云变幻之中。

只要做到富贵而不骄奢淫逸，贫贱而能保持快乐，这样的男子汉就是英雄豪杰了。

赏析

这首诗是作者反对王安石变法后，被贬谪回到洛阳后所作的。

作为一名道德修养已达到很高境界的理学家，作者所思考的并不是个人的得失与荣辱。他的安闲来自内心的强大以及对无道至理的准备把握。换言之，即安闲是果，得道是因。这首诗即是体现这一心态的作品。

寒 菊

〔南宋〕 郑思肖

花开不并百花丛，独立疏篱趣未穷。

宁可枝头抱香死，何曾吹落北风中。

译文

你在秋天盛开，从不与百花为丛。独立在稀疏的篱笆旁边，你的情操意趣并未衰穷。宁可在枝头上怀抱着清香而死，绝不会吹落于凛冽的北风之中！

赏析

郑思肖的这首寒菊，与一般赞颂菊花不俗不艳不媚不屈的诗歌不同，这首诗托物言志，深深隐含了诗人的人生遭际和理想追求，是一首有特定生活内涵的菊花诗。

病　牛

〔宋〕　李　纲

gēng lí qiān mǔ shí qiān xiāng　　lì jìn jīn pí shuí fù shāng
耕犁千亩实千箱，力尽筋疲谁复伤？

dàn dé zhòng shēng jiē dé bǎo　　bù cí léi bìng wò cán yáng
但得众生皆得饱，不辞羸病卧残阳。

译文

　　病牛耕耘千亩，换来了劳动成果装满千座粮仓的结果，但它自身却精神极为疲惫，力气全部耗尽，然而，又有谁来怜惜它力耕负重的劳苦呢？

　　但为了众生都能够吃饱，即使拖垮了病倒卧在残阳之下，它也在所不辞。

赏析

　　诗人"托物言志"，借咏牛来为自己言情述志。该诗以病牛自抒晚年的心志，表示忠心祖国、报效众生的信念决不动摇，体现了士大夫博爱无私的仁者情怀。

卜算子·咏梅

〔南宋〕　陆　游

yì wài duàn qiáo biān　　jì mò kāi wú zhǔ　　yǐ shì huáng hūn dú zì chóu　　gèng zhuó fēng hé yǔ
驿外断桥边，寂寞开无主。已是黄昏独自愁，更著风和雨。

wú yì kǔ zhēng chūn　　yí rèn qún fāng dù　　líng luò chéng ní niǎn zuò chén　　zhǐ yǒu xiāng rú gù
无意苦争春，一任群芳妒。零落成泥碾作尘，只有香如故。

译文

驿站之外的断桥边，梅花孤单寂寞地绽开了花，无人过问。暮色降临，梅花无依无靠，已经够愁苦了，却又遭到了风雨的摧残。

梅花并不想费尽心思去争艳斗宠，百花妒忌、排斥它，它也毫不在乎。即使凋零了，被碾作泥土，又化作尘土了，梅花依然和往常一样散发出缕缕清香。

赏析

这是一首咏梅词，上片集中写了梅花的困难处境，下片写梅花的灵魂及生死观。词人以物喻人，托物言志，以清新的笔调写出了傲然不屈的梅花，暗喻了自己虽终生坎坷却坚贞不屈，达到了物我融一的境界，笔致细腻，意味深隽，是咏梅词中的绝唱。

偶 成

〔南宋〕 朱 熹

shào nián yì xué lǎo nán chéng yí cùn guāng yīn bù kě qīng
少年易学老难成，一寸光阴不可轻。

wèi jué chí táng chūn cǎo mèng jiē qián wú yè yǐ qiū shēng
未觉池塘春草梦，阶前梧叶已秋声。

译文

青春的日子容易逝去，做学问却很难成功，所以每一寸光阴都要珍惜，不能轻易放过。还没从美丽的春色中一梦醒来，台阶前的梧桐树叶就已经在秋风里沙沙作响了。

赏析

这首词告诫人们要珍惜光阴，追求学业，感叹人生苦短，要抓紧时间学习，将来才不会因虚度年华而悔恨。

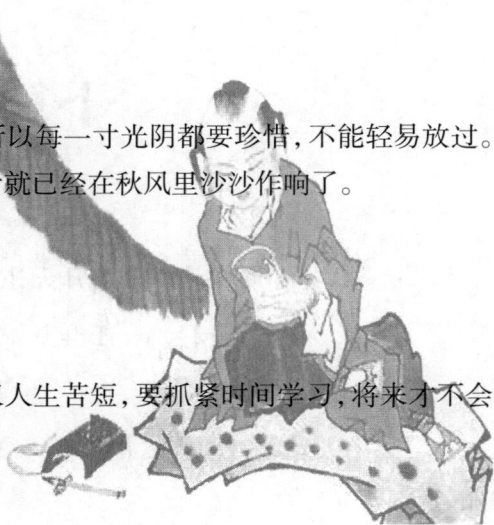

墨 梅

〔元〕 王 冕

wú jiā xǐ yàn chí tóu shù　duǒ duǒ huā kāi dàn mò hén
吾家洗砚池头树，朵朵花开淡墨痕。

bú yào rén kuā hǎo yán sè　zhǐ liú qīng qì mǎn qián kūn
不要人夸好颜色，只留清气满乾坤。

译 文

　　我家洗砚池边有一棵梅树，朵朵开放的梅花都显出淡淡的墨痕。

　　不需要别人夸它的颜色好看，它只想让清香之气弥漫在天地之间。

赏 析

　　诗中所描写的墨梅劲秀芬芳、卓尔不群。这首诗不仅反映了作者所画的梅花的风格，也反映了作者的高尚情趣和淡泊名利的胸襟，鲜明地表明了他不向世俗献媚的坚贞、纯洁的操守。

用岁月在莲上写诗

林清玄

那天路过台南县白河镇，就像暑天里突然饮了一盅冰凉的蜜水，又凉又甜。白河小镇是一个让人吃惊的地方，它是本省最大的莲花种植地，在小巷里走，在田野上闲逛，都会在转折处看到一田田又大又美的莲花。那些经过细心栽培的莲花竟好似是天然生成，在大地的好风好景里毫无愧色，夏日里格外有一种欣悦的气息。

我去的时候正好是莲子收成的季节，种莲的人家都忙碌起来了，大人小孩全到莲田里去采莲子，对于我们这些只看过莲花美姿就叹息的人，永远也不知道种莲的人家是用怎样的辛苦在维护一池莲，使它开花结实。

"夕阳斜，晚风飘，大家来唱采莲谣。红花艳，白花娇，扑面香风暑气消。你打桨，我撑篙，拨破浮萍过小桥。船行快，歌声高，采得莲花乐陶陶。"我们童年唱过的《采莲谣》在白河好像一个梦境，因为种莲人家采的不是观赏的莲花，而是用来维持一家生活的莲子，莲田里也没有可以打桨撑篙的莲舫，而要一步一步地踩在莲田的烂泥里。

采莲的时间是清晨太阳刚出来或者黄昏日头要落山的时分，一个个采莲人背起了竹篓，带上了斗笠，涉入浅浅的泥巴里，把已经成熟的莲蓬一朵朵摘下来，放在竹篓里。采回来的莲蓬先挖出里面的莲子，莲子外面有一层粗壳，要用小刀一粒一粒剥开，晶莹洁白的莲子就滚了一地。莲子剥好后，还要用细针把莲子里的莲心挑出来，这些靠的全是灵巧的手工，一粒也偷懒不得，所以全家老小都加入了工作。空的莲蓬可以卖给中药铺，还可以挂起来装饰；洁白的莲子可以煮莲子汤，做许多可口的菜肴；苦的莲心则能煮苦茶，既降火又提神。

我在白河镇看莲花的子民工作了一天，不知道为什么总是觉得种莲的人就像莲子一样，表面上莲花是美的，莲田的景观是所有作物中最美丽的景观，可是他们工作的辛劳和莲心一样，是苦的。采莲的季节在端午节到九月的夏秋之交，等莲子采收完毕，接下来就要挖土里的莲藕了。

莲田其实是一片污泥，采莲的人要防备田里游来游去的吸血水蛭，莲花的梗则长满了刺。我看到每一位采莲人的裤子都被这些密刺划得千疮百孔，有时候还被刮出一条条血痕，可见得依靠美丽的莲花生活也不是简单的事。

小孩子把莲叶卷成杯状，捧着莲子在莲田埂上跑来跑去，才让我感知，再辛苦的收获也有快乐的一面。

莲花其实就是荷花，在还没有开花前叫"荷"，开花结果后就叫"莲"。我总觉得两种名称有不同的意义：荷花的感觉是天真纯情，好像一个洁净无瑕的少女；莲花则是宝相庄严，仿佛是即将生产的少妇。荷花是宜于观赏的，是诗人和艺术家的朋友；莲花带了一点生活的辛酸，是种莲人生活的依靠。想起多年来我对莲花的无知，只喜欢在远远的高处看莲、想莲；却从来没有走进真正的莲花世界，看莲田背后生活的悲欢，不禁感到愧疚。谁知道一朵莲蓬里的三十个莲子，是多少血汗的灌溉？谁知道夏日里一碗冰冻的莲子汤，是农民多久的辛劳？

我陪着一位种莲的人在他的莲田逡巡，看他走在占地一甲的莲田边，娓娓向我诉说一朵莲要如何下种，如何灌溉，如何长大，如何采收，如何避过风灾，等待明年的收成时，觉得人世里一件最平凡的事物也许是我们永远难以知悉的，即使微小如莲子，都有一套生命的大学问。

我站在莲田上，看日光照射着莲田，想起"留得残荷听雨声"恐怕是莲民难以享受的境界，因为荷残的时候，他们又要下种了。田中的莲叶坐着结成一片，站着也叠成一片，在田里交缠不清。我们用一些空虚清灵的诗歌来歌颂莲叶荷田的美，永远也不及种莲的人用他们的岁月和血汗在莲叶上写诗吧！

一九八一年九月二日

【作者简介】 林清玄(1953—2019)，中国台湾地区高雄人，当代著名作家、散文家、诗人、学者。笔名有秦情、林漓、林大悲、林晚啼、侠安、晴轩、远亭等。著名散文《查塔卡的杜鹃》是他的代表作。他是台湾地区作家中最高产的一位，也是获得各类文学奖最多的一位。被誉为"当代散文八大作家"之一。

假如我有九条命

余光中

假如我有九条命，就好了。

一条命，就可以专门应付现实的生活。苦命的丹麦王子说过：既有肉身，就注定要承受与生俱来的千般惊扰。现代人最烦的一件事，莫过于办手续；办手续最烦的一面莫过于填表格。表格越大越好填，但要整理和收存，却越小越方便。表格是机关发的，当然力求其小，于是申请人得在四根牙签就塞满了的细长格子里，填下自己的地址。许多人的地址都是节外生枝，街外有巷，巷中有弄，门牌还有几号之几，不知怎么填得进去。这时填表人真希望自己是神，能把须弥纳入芥子，或者只要在格中填上两个字："天堂"。一张表填完，又来一张，上面还有密密麻麻的各条说明，必须皱眉细阅。至于照片、印章，以及各种证件的号码，更是缺一不可。于是半条命已去了，剩下的半条勉强可以用来回信和开会，假如你找得到相关的来信，受得了邻座的烟熏。

一条命，有心留在台北的老宅，陪伴父亲和岳母。父亲年逾九十，右眼失明，左眼不清。他原是最外倾好动的人，喜欢与乡亲契阔谈宴，现在却坐困在半昧不明的寂寞世界里，出不得门，只能追忆冥隔了二十七年的亡妻，怀念分散在外地的子媳和孙女。岳母也已过了八十，五年前断腿至今，步履不再稳便，却能勉力以蹒跚之身，照顾旁边的蒙眬之人。她原是我的姨母，家母亡故以来，她便迁来同住，主持失去了主妇之家的琐务，对我的殷殷照拂，情如半母，使我常常感念天无绝人之路，我失去了母亲，神却再补我一个。

一条命，用来做丈夫和爸爸。世界上大概很少全职的丈夫，男人忙于外务，做这件事不过是兼差。女人做妻子，往往却是专职。女人填表，可以自称"主妇"(housewife)，却从未见过男人自称"主夫"(househusband)。一个人有好太太，必定是天意，这样的神恩应该细加体会，切勿视为当然。我觉得自己做丈夫比做爸爸要称职一点，原因正是有个好太太。做母亲的既然那么能干而又负责，做父亲的也就乐得"垂拱而治"了。所以我家实行的是总理制，我只是合照上那位俨然的元首。四个女儿天各一方，负责通信、打电话的是母亲，做父亲的总是在忙别的事情，只在心底默默怀念着她们。

一条命，用来做朋友。中国的"旧男人"做丈夫虽然只是兼职，但是做起朋友来却是专任。妻子如果成全丈夫，让他仗义疏财，去做一个漂亮的朋友，"江湖人称小孟尝"，便能赢得贤名。这种有友无妻的作风，"新男人"当然不取。不过新男人也不能遗世独立，不交朋友。要表现得"够朋友"，就得有闲、有钱，才能近悦远来。穷忙的人怎敢放手去交游？我不算太穷，却穷于时间，在"够朋友"上面只敢维持低姿态，大半仅是应战。跟身边的朋友打完消耗战，再无余力和远方的朋友隔海越洲，维持庞大的通信网了。演成近交而不远攻的局面，虽云目光如豆，却也由于鞭长莫及。

一条命，用来读书。世界上的书太多了，古人的书尚未读通三卷两峡，今人的书又汹涌而来，将人淹没。谁要是能把朋友题赠的大著通通读完，在斯文圈里就称得上是圣人了。有人读书，是纵情任性地乱读，只读自己喜欢的书，也能成为名士。有人呢是苦心孤诣地精读，只读名门正派的书，立志成为通儒。我呢，论狂放不敢做名士，论修养不够做通儒，有点不上不下。要是我不写作，就可以规规矩矩地治学；或者不教书，就可以痛痛快快地读书。假如有一条命专供读书，当然就无所谓了。

书要教得好，也要全力以赴，不能随便。老师考学生，毕竟范围有限，题目有形。学生考老师，往往无限又无形。上课之前要备课，下课之后要阅卷，这一切都还有限。倒是在教室以外和学生闲谈问答之间，更能发挥"人师"之功，在"教"外施"化"。常言"名师出高徒"，未必尽然。老师太有名了，便忙于外务，席不暇暖，怎能即之也温？倒是有一些老师"博学而无所成名"，能经常与学生接触，产生实效。

另一条命应该完全用来写作。台湾的作家极少是专业，大半另有正职。我的正职是教书，幸而所教与所写颇有相通之处，不至于互相排斥。以前在台湾，我日间教英文，夜间写中文，颇能并行不悖。后来在香港，我日间教三十年代文学，夜间写八十年代文学，也可以各行其是。不过艺术是需要全神投入的活动，没有一位兼职然而认真的艺术家不把艺术放在主位。鲁本斯任荷兰驻西班牙大使，每天下午在御花园里作画。一位侍臣在园中走过，说道："哟，外交家有时也画几张画消遣呢。"鲁本斯答道："错了，艺术家有时为了消遣，也办点外交。"陆游诗云："看渠胸次隘宇宙，惜哉千万不一施。空回英概入笔墨，生民清庙非唐诗。向令天开太宗业，马周遇合非公谁？后世但作诗人看，使我抚几空嗟咨。"陆游认为杜甫之才应立功，而不应仅仅立言，看法和鲁本斯正好相反。我赞成鲁本斯的看法，认为立言已足自豪。鲁本斯所以传后，是由于他的艺术，不是他的外交。

一条命，专门用来旅行。我认为没有人不喜欢到处去看看：多看他人，多阅他乡，不但可以认识世界，亦可以认识自己。有人旅行是乘豪华邮轮，谢灵运再世大概也会如此。有人背负行囊，翻山越岭。有人骑自行车环游天下。这些都令我羡慕。我所优为的，却是驾车长征，去看天涯海角。我的太太比我更爱旅行，所以夫妻两人正好互作旅伴，这一点只怕徐霞客也要艳羡。不过徐霞客是大旅行家、大探险家，我们，只是浅游而已。

最后还剩一条命，用来从从容容地过日子，看花开花谢，人往人来，并不特别要追求什么，也不被"截止日期"所追迫。

1985年7月7日

【作者简介】 余光中(1928—2017)，当代著名作家、诗人、学者、翻译家。代表作有《白玉苦瓜》《记忆像铁轨一样长》及《分水岭上：余光中评论文集》等，其诗作如《乡愁》《乡愁四韵》等，广泛收录于中国内地及港台语文课本。2017年12月14日，余光中教授于台湾逝世，享年89岁。

茶　性

艾　煊

茶和酒是千岁老友，但两人性格绝然相反。一个是豪爽、狞猛、讲义气的汉子，一个是文静、宽厚、重情谊的书生。

茶为内功，无喧嚣之形，无激扬之态。一盏浅注，清流，清气馥郁。友情缓缓流动，谈兴徐徐舒张。渐入友朋知己间性灵的深相映照。

酒为豪狂式的宣泄，茶为含蓄蕴藉式的内向情感。

酒入大脑，可产生摧毁性的强刺激。茶具有舒缓的渗透性潜入全身汗囊毛孔，缓缓生成温馨抚慰效应。

酒，饮前清香诱人，饮后浊气冲天，污及四邻空气。茶，饮前淡淡清气，渗透人体，弥漫于不易觉察的周围空间。

人之或嗜酒，或嗜茶，或兼及双嗜，并非着意选择，更非精心安排。其所以成癖者，有机缘，也有自然天成。

我嗜茶数十年，乃缘于出生绿茶之乡。

家乡小镇，坐落在大别山脚下。山上山下，酒道不兴，茶道畅行。毛尖、云雾、瓜片、小兰花，于峰顶、缓坡，漫漫成片。茶馆，茶叶店，比肩林立。

幼时生于是乡，壮年又入太湖茶乡，机缘相伴而来。因之曾种过茶，制过茶，品过茶。

茶之种，之制，之器，之藏，之饮，各有其术，各有其道，各有其情。

家乡小镇多茶馆。外地亲友来访，往往不在家中落座饮茶。浸泡于茶馆中，清茶，清谈，佐以清蔬淡点。此似为待客仪规。视主人钱囊奢、吝，客人风度文、鄙，而开台于雅座或大众厅。

我幼时，热水瓶属于高档奢侈用品。普通人家盛茶，多用铜丝把紫砂壶，或提梁紫砂壶。一壶容量，约相当于五磅热水瓶半瓶或一瓶。将冲泡好热茶的紫砂壶放进草编或棕丝编的茶焐中保暖。考究点的老茶客，手捧巴掌大的小巧紫砂壶。身边木炭炉上，坐着一把小铜壶，开水源源不绝地冲兑。

近若干年来，瓷杯、玻璃杯广为普及。原系大众化的紫砂杯、壶，反而抬举成高档的饮器，更抬举成每件数千元上万元的极高档工艺品。

茶叶焦干，易碎。茶叶店中，一桶茶叶卖到将尽时，桶底余茶，往往成了无叶片的茶叶末。揉碎之品，形变，质不变。茶中极品的茶叶末，其内质仍为高档极品。只是外形不成条索，不美观。镇上精明的饮仙,日常家用茶,重质不重形。常饮用此高档茶揉碎之末。重吃不重看,物美价廉。

酒,越陈越醇。茶,越新越香。酒重陈,茶重新。低档新茶,有时并不逊于隔年之高档陈茶。

茶,不一定名越重者越好。高山云雾间的荒山野茶,自采自炒。虽无部优国优桂冠,但常会超过高档名茶。常人常趋向名声大的名茶。嗜茶老饕,总是将适合自己口味的茶,视为无上佳品。

雨花、龙井、眉珍、碧螺,其味不一。我常取数种茶搀和冲泡。有的取其清香味醇,有的取其甜苦味重,有的取其色、味稳定耐冲泡。集数种茶之长,调制出一味新品,以适应个人味蕾之需。此品不见茶经,不入茶谱。私名之谓调和茶,或效鞮洋人鸡尾酒之名,取一不雅驯之名,曰鸡尾茶。

经杯、壶盖闷过的绿茶汤水,清香味全失,变成了煮熟茶叶的浊气。溺于饮道者,冲泡绿茶,往往用杯不用壶。用无盖陶瓷杯,或无盖紫砂杯。

一杯茶,吃数开,其味全变。先清淡,继清香,后甜苦,再后淡而无味,终至淡而生青草腥气。

居家吃茶,不妨并用两杯。以大杯泡叶成卤,极苦。喝时,另以一小杯倒点茶卤,再冲兑白开水,将其稀释成自己舌底满意的茶汤。以卤兑水稀释之茶,可使五杯八杯茶汤,保持大体同等浓度。持续葆有最惬意的口感,最氤氲馥郁之朦胧意境。

当代各种饮料中,茶的饮用方式主要在于品。若解渴,汽水、矿泉、橙汁、可乐、温开水、凉开水,皆可极迅速极有效地满足需要。饮茶则需轻啜慢抿,缓缓品味。

对于耽饮者,品,有助于缅念过去遥瞻未来,有助于独自浸溺于创造构思中,也有助于萌发友朋间隽言妙语之谈兴。

三分解渴七分提神,三分饮七分品,如此则绿茶直可达成灵肉兼美的效应。

【作者简介】 艾煊(1922—2001),安徽舒城人,作家。有报告文学集《朝鲜五十天》,散文集《碧螺春汛》《艾煊散文集》,长篇小说《乡关何处》《山雨欲来》等。

安静与力量

古 朴

中国文人对于大自然,常表现出超乎寻常的爱恋。画家周国城爱兰,他的笔下所描,袅娜着兰的芬芳。

周国城早年求学杭州,中年迁居广州。作为一个趋于成熟的书画家,脱离杭州的氛围,突然来到另一种艺术环境中，多少有点挑战意味。但他老实为人，静默习艺，始终将重点投放在中国艺术精神的根源上，心平气和地参化各种流派的精髓，终于有所成就。

兰花在他笔下占有绝对突出的地位。他的兰花极为简约安静，几根草叶，衬托着三五棵兰花，朴素地挺立在空旷之中，远离喧嚣，自成格局；大多是盛开的兰花，花瓣纵情伸展，貌似七歪八倒，实则错落有致。在白色宣纸上，他用黑色墨水，只那么轻轻一抹，一朵朵透明的兰花，仿佛带着清澈晶莹的质感盛开。

我曾经深深迷恋其中的简约与安静，那里蕴含着中国文化的深意。

古人强调静以养心，凡书法、绘画甚至诗词文章，多以养心为旨归，宁静致远。周国城画兰花，从下往上画出一片草叶，不是收回笔锋，而是再一次从下往上画出另一片叶子。他的笔锋像梭一样在纸上反复来往奔波，几个来回，一丛兰草就葳蕤在眼前。及至画花瓣，笔锋像闪电一样在草叶间来回跳跃，每一片花瓣都那么轻盈鲜活。在笔锋闪烁跳跃的瞬间，周国城的手分明有千钧之力。难于想象，这安静柔弱、透明轻盈的兰花，竟是借助千钧之力来到世间的。

孔子某日对弟子说："予欲无言"。弟子问，您不说话，那我们记什么？孔子回答的是："天何言哉？四时行焉，百物生焉，天何言哉？"无言而静，是古代圣贤体悟的大境界。在静默无言之中，天地运行、人间演化的秩序，从不错乱，乃因背后有一种至巨至伟的力量。后来者的学习领悟，有许多，正是围绕此展开。周国城的兰花，亦不例外。安静的深处，原来蕴藏着奔涌咆哮、汪洋恣肆的力量。而那简约闲适背后，正隐含着率性与放达。

【作者简介】 古朴，男，广东普宁人，曾获全国鲁班奖工程优秀项目经理等，曾在人民日报发表《安静与力量》，在渤海早报发表《大辩不言》等文章。

金　色

李　娟

蜜蜂来了，花盘瞬间达到金色的巅峰状态。金色王国城门大开，鼓乐高奏。金色的高音一路升调，磅礴直指音域最顶端。

在万亩葵花的照耀下，夏日宣告结束，盛大的秋天全面到来。

想起外婆孤独的赞美："真好看啊！到处都亮堂堂的。"

忍不住再一次猜测她为什么会死，为什么舍得离去……

外婆你看，你放弃的世界丝毫没有变化。你最迷恋的亮堂堂的盛况年年准时到来，毫不迟疑。

那么外婆，死亡又是怎样炫目的金色呢？

在北方的广阔大地上，从夏末至初秋，每一个村庄都富可敌国，每一棵树都是黄金之树。

尤其白桦树，它除了黄金，还有白银。它通体耀眼，浑身颤抖，光芒四射。

但它的金色永远还差一点红色，它的银色永远差一点蓝色。

它站在那里，欲壑难填。一棵树就沦陷了半个秋天。

另外半个秋天为另一棵白桦所沦陷。

但是，在这两棵白桦之外，还有成千上万的白桦。再也没有秋天可供挥霍了。

成千上万的金色白桦是北方大地最饥渴最激动的深渊。

而麦田的金色则富于深沉的安抚力量。那是粮食的力量。

人的命运、人的意志、人的勇气与热情倾注其中。麦浪滚滚，田畦蜿蜒。在大地上，除了白昼之外，麦田的金色是最大的光明。

饲草的金色是高处的光明。

收割牧草的人们驾着马车往返荒野与村庄之间。很快，家家户户屋顶隆起绿色的皇冠，然后没几天就变成金色的皇冠。

从绿色到金色，对一枚叶片来说是千里迢迢的路途。但对一个村庄来说，不过一夜之间，仅隔一场梦境。

劳动之后人们疲惫睡去。醒来，就发现村庄置身于秋天的正上方。

人们推门出去，脚下万丈深渊。草垛仍高高在上，无尽地燃烧。

而芦苇之金，水气充沛。芦苇总是与河流、星空息息相关。

芦苇的金色最脆弱，最缠绵，最无助。它的柔情中裹藏有大秘密，它的美丽令人止步不前。

人们远远遥望，水鸟长唳短鸣。

月亮的金色是黑暗的金色。每一个人都认为月亮与故乡有关，与童年有关。其实它只和夜晚有关。它把人间的一切的依恋拒之门外。

它最孤独，也最自由。

最微小的金色是蜜蜂。它们是金色的碎屑，被金色的磁石所牵引。它们是金色的钥匙，只开金色的锁。

它们之所以明亮璀璨，是因为口中衔有针尖大的一点甜蜜。

蜂蜜也是金色的，因为我们吃进嘴中的每一口蜂蜜，都蕴含亿万公里的金色飞翔。

面对这全部的金色，葵花缓升宝座，端坐一切金色的顶端。

这初秋的大地，过于隆重了。以致天地即将失衡，天地快要翻转。

天空便只好越来越蓝，越来越蓝，越来越蓝。

大自然中已经没有什么能形容这种蓝色了，只能以人间的事物来形容——那种蓝，是汽车牌照那样的蓝。

金色和蓝色，相持于这颗古老的星球之上。从金色和蓝色之间走过的人，突然感到自己一尘不染……

【作者简介】 李娟，中国当代作家，1979年7月21日出生于新疆，籍贯四川乐至。2003年1月，出版首部散文集《九篇雪》。2010年6月，出版散文集《阿勒泰的角落》。2011年，获得茅台杯人民文学奖"非虚构奖"。2012年，相继出版长篇散文《冬牧场》与《羊道》系列散文。 2017年，出版散文集《遥远的向日葵地》，后获第七届鲁迅文学奖散文奖。

家国情怀

论积贮疏

〔西汉〕 贾 谊

原文

管子曰："仓廪实而知礼节。"民不足而可治者，自古及今，未之尝闻。古之人曰："一夫不耕，或受之饥；一女不织，或受之寒。"生之有时，而用之亡度，则物力必屈。古之治天下，至孅至悉也，故其畜积足恃。今背本而趋末，食者甚众，是天下之大残也；淫侈之俗，日日以长，是天下之大贼也。残贼公行，莫之或止；大命将泛，莫之振救。生之者甚少，而靡之者甚多，天下财产何得不蹶！

汉之为汉，几四十年矣，公私之积，犹可哀痛！失时不雨，民且狼顾；岁恶不入，请卖爵子，既闻耳矣。安有为天下阽危者若是而上不惊者？世之有饥穰，天之行也，禹、汤被之矣。即不幸有方二三千里之旱，国胡以相恤？卒然边境有急，数千百万之众，国胡以馈之？兵旱相乘，天下大屈，有勇力者聚徒而衡击；罢夫羸老易子而咬其骨。政治未毕通也，远方之能疑者，并举而争起矣。乃骇而图之，岂将有及乎？

夫积贮者，天下之大命也。苟粟多而财有余，何为而不成？以攻则取，以守则固，以战则胜。怀敌附远，何招而不至！今驱民而归之农，皆著于本；使天下各食其力，末技游食之民，转而缘南亩，则畜积足而人乐其所矣。可以为富安天下，而直为此廪廪也，窃为陛下惜之。

译 文

　　管子说:"粮仓充足,百姓就懂得礼节。"百姓缺吃少穿而可以被治理得好的,从古到今,没有听说过这事。古代的人说:"一个男子不耕地,有人就要因此挨饿;一个女子不织布,有人就要因此受冻。"生产东西有时节的限制,而消费它却没有限度,那么社会财富一定会缺乏。古代的人治理国家,考虑得极为细致和周密,所以他们的积贮足以依靠。现在人们弃农经商(不生产而吃粮的人很多),这是国家的大祸患。过度奢侈的风气一天天地滋长,这也是国家的大祸害。这两种大祸害公然盛行,没有人去稍加制止;国家的命运将要覆灭,没有人去挽救;生产的人极少,而消费的人很多,国家的财富怎能不枯竭呢?

　　汉朝从建立以来,快四十年了,公家和个人的积贮还少得令人痛心。错过季节不下雨,百姓就将忧虑不安;年景不好,百姓纳不了税,朝廷就要出卖爵位,百姓就要出卖儿女。这样的事情皇上已经耳有所闻了,哪有治理国家已经危险到这种地步而皇上不震惊的呢? 世上会有灾荒,这是自然规律,夏禹、商汤都曾遭受过。假如不幸有纵横二三千里地方的大旱灾,国家用什么去救济灾区? 如果突然边境上有紧急情况,成千上万的军队,国家拿什么去发放粮饷? 假若兵灾旱灾交互侵袭,国家财富极其缺乏,胆大力壮的人就聚集歹徒横行抢劫,年老体弱的人就互换子女来吃;政治的力量还没有完全达到各地,边远地方敢于同皇上对抗的人,就一同举兵起来造反了。于是皇上才惊慌不安地谋划对付他们,难道还来得及吗?

　　积贮,是国家的命脉。如果粮食多财力充裕,还有什么事情会做不成吗? 凭借它去进攻就能攻取,凭借它去防守就能巩固,凭借它去作战就能战胜。使敌对的人归降,使远方的人顺附,招谁而不来呢? 现在如果驱使百姓,让他们归向农业,都附着于本业,使天下的人靠自己的劳动而生活,工商业者和不劳而食的游民,都转向田间从事农活,那么积贮就会充足,百姓就能安居乐业了。本来可以做到使国家富足安定,却造成了这种令人危惧的局面!我真替陛下痛惜啊!

出 师 表

〔三国〕 诸葛亮

原文

先帝创业未半而中道崩殂，今天下三分，益州疲弊，此诚危急存亡之秋也。然侍卫之臣不懈于内，忠志之士忘身于外者，盖追先帝之殊遇，欲报之于陛下也。诚宜开张圣听，以光先帝遗德，恢弘志士之气，不宜妄自菲薄，引喻失义，以塞忠谏之路也。

宫中府中，俱为一体，陟罚臧否，不宜异同。若有作奸犯科及为忠善者，宜付有司论其刑赏，以昭陛下平明之理，不宜偏私，使内外异法也。

侍中、侍郎郭攸之、费祎、董允等，此皆良实，志虑忠纯，是以先帝简拔以遗陛下。愚以为宫中之事，事无大小，悉以咨之，然后施行，必能裨补阙漏，有所广益。

将军向宠，性行淑均，晓畅军事，试用于昔日，先帝称之曰能，是以众议举宠为督。愚以为营中之事，悉以咨之，必能使行阵和睦，优劣得所。

亲贤臣，远小人，此先汉所以兴隆也；亲小人，远贤臣，此后汉所以倾颓也。先帝在时，每与臣论此事，未尝不叹息痛恨于桓、灵也。侍中、尚书、长史、参军，此悉贞良死节之臣，愿陛下亲之信之，则汉室之隆，可计日而待也。

臣本布衣，躬耕于南阳，苟全性命于乱世，不求闻达于诸侯。先帝不以臣卑鄙，猥自枉屈，三顾臣于草庐之中，咨臣以当世之事，由是感激，遂许先帝以驱驰。后值倾覆，受任于败军之际，奉命于危难之间，尔来二十有一年矣。

先帝知臣谨慎，故临崩寄臣以大事也。受命以来，夙夜忧叹，恐托付不效，以伤先帝之明，故五月渡泸，深入不毛。今南方已定，兵甲已足，当奖率三军，北定中原，庶竭驽钝，攘除奸凶，兴复汉室，还于旧都。此臣所以报先帝而忠陛下之职分也。至于斟酌损益，进尽忠言，则攸之、祎、允之任也。

愿陛下托臣以讨贼兴复之效，不效，则治臣之罪，以告先帝之灵。若无兴德之言，则责攸之、祎、允等之慢，以彰其咎；陛下亦宜自谋，以咨诹善道，察纳雅言，深追先帝

yí zhào chén bú shèng shòu ēn gǎn jī
遗诏，臣不胜受恩感激。

jīn dāng yuǎn lí lín biǎo tì líng bù zhī suǒ yán
今当远离，临表涕零，不知所言。

译 文

先帝开创的大业未完成一半，(先帝)却中途去世了。现在天下分为三国，益州地区民力匮乏，这确实是国家危难的时期啊。不过宫廷里侍从护卫的官员不懈怠，战场上忠诚有志的将士们奋不顾身，大概是他们追念先帝对他们的特别的知遇之恩(作战的原因)，想要报答在陛下您身上。(陛下)你实在应该扩大圣明的听闻，来发扬光大先帝遗留下来的美德，振奋有远大志向的人的志气，不应当随便看轻自己，说不恰当的话，以至于堵塞人们忠心地进行规劝的言路。

皇宫中和朝廷里的大臣，本都是一个整体，奖惩功过，好坏，不应该有所不同。如果有做奸邪事情、犯科条法令和忠心做善事的人，应当交给主管的官，判定他们受罚或者受赏，来显示陛下公正严明的治理，而不应当有偏袒和私心，使宫内和朝廷奖罚方法不同。

侍中、侍郎郭攸之、费祎、董允等人，这些都是善良诚实的人，他们的志向和心思忠诚无二，因此先帝把他们选拔出来辅佐陛下。我认为(所有的)宫中的事情，无论事情大小，都拿来跟他们商量，这样以后再去实施，一定能够弥补缺点和疏漏之处，可以获得很多的好处。

将军向宠，性格和品行善良公正，精通军事，从前任用他时，先帝称赞他有才干，因此经过大家评议，举荐他做中部督。我认为军队中的事情，都拿来跟他商讨，就一定能使军队团结一心，好的差的各自找到他们的位置。

亲近贤臣，疏远小人，这是西汉兴隆的原因；亲近小人，疏远贤臣，这是东汉衰败的原因。先帝在世的时候，每逢跟我谈论这些事情，没有一次不对桓、灵二帝的做法感到叹息痛心遗憾的。侍中、尚书、长史、参军，这些人都是忠贞诚实、能够以死报国的大臣，希望陛下亲近他们，信任他们，那么汉朝的兴隆就指日可待了。

我本来是平民，在南阳务农亲耕，在乱世中苟且保全性命，不奢求在诸侯之中出名。先帝不在乎我身份卑微，见识短浅，降低身份委屈自己，三次去我的茅庐拜访我，征询我对时局大事的意见，我因此十分感动，就答应为先帝奔走效劳。后来遇到兵败，在兵败的时候接受任务，在危机患难之中奉行使命，那时以来已经有二十一年了。

先帝知道我做事小心谨慎，所以临终时把国家大事托付给我。接受遗命以来，我早晚忧愁叹息，只怕先帝托付给我的大任不能实现，以致损伤先帝的知人之明，所以我五月渡过泸水，深入到人烟稀少的地方。现在南方已经平定，兵员装备已经充足，应当激励、率领全军将士向北方进军，平定中原，希望用尽我平庸的才能，铲除奸邪凶恶的敌人，恢复汉朝的基业，回到旧日的国都。这就是我用来报答先帝，并且尽忠陛下的职责本分。至于处理事务，斟酌情理，有所兴革，毫无保留地进献忠诚的建议，那就是郭攸之、费祎、董允等人的责任了。

希望陛下能够把讨伐曹魏、兴复汉室的任务托付给我，如果没有成功，就惩治我的罪过，（从而）用来告慰先帝的在天之灵。如果没有振兴圣德的建议，就责罚郭攸之、费祎、董允等人的怠慢，来揭示他们的过失；陛下也应自行谋划，征求、询问治国的好道理，采纳正确的言论，深切追念先帝临终留下的教诲。我感激不尽。

今天（我）将要告别陛下远行了，面对这份奏表禁不住热泪纵横，也不知说了些什么。

小 园 赋

〔南北朝〕 庾 信

原 文

若夫一枝之上，巢夫得安巢之所；一壶之中，壶公有容身之地。况乎管宁藜床，虽穿而可坐；嵇康锻灶，既烟而堪眠。岂必连闼洞房，南阳樊重之第；赤墀青琐，西汉王根之宅。余有数亩弊庐，寂寞人外，聊以拟伏腊，聊以避风雨。虽复晏婴近市，不求朝夕之利；潘岳面城，且适闲居之乐。况乃黄鹤戒露，非有意于轮轩；爰居避风，本无情于钟鼓。陆机则兄弟同居，韩康则舅甥不别，蜗角蚊睫，又足相容者也。

尔乃窟室徘徊，聊同凿坏。桐间露落，柳下风来。琴号珠柱，书名玉杯。有棠梨而无馆，足酸枣而无台。犹得攲侧八九丈，纵横数十步，榆柳三两行，梨桃百余树。拔蒙密兮见窗，行攲斜兮得路。蝉有翳兮不惊，雉无罗兮何惧！草树混淆，枝格相交。山为篑覆，地有堂坳。藏狸并窟，乳鹊重巢。连珠细菌，长柄寒匏。可以疗饥，可以栖迟，崎岖兮狭室，穿漏兮茅茨。檐直倚而妨帽，户平行而碍眉。坐帐无鹤，支床有龟。鸟多闲暇，花随四时。心则历陵枯木，发则睢阳乱丝。非夏日而可畏，异秋天而可悲。

一寸二寸之鱼，三竿两竿之竹。云气荫于丛著，金精养于秋菊。枣酸梨酢，桃榹李薁。落叶半床，狂花满屋。名为野人之家，是谓愚公之谷。试偃息于茂林，乃久羡于抽簪。虽无门而长闭，实无水而恒沉。三春负锄相识，五月披裘见寻。问葛洪之药性，访京

72

fáng zhī bǔ lín　　cǎo wú wàng yōu zhī yì　huā wú cháng lè zhī xīn　niǎo hé shì ér zhú jiǔ　yú hé qíng ér tīng qín
房之卜林。草无忘忧之意，花无长乐之心。鸟何事而逐酒？鱼何情而听琴？

jiā yǐ hán shǔ yì lìng　guāi wéi dé xìng　cuī yīn yǐ bú lè sǔn nián　wú zhì yǐ cháng chóu yǎng bìng　zhèn zhái shén yǐ mái shí
　加以寒暑异令，乖违德性。崔骃以不乐损年，吴质以长愁养病。镇宅神以霾石，

yàn shān jīng ér zhào jìng　lǚ dòng zhuāng xì zhī yín　jǐ xíng wèi kē zhī mìng　bó wǎn xián guī　lǎo yòu xiāng xié　péng tóu wáng bà zhī zǐ
厌山精而照镜。屡动庄舄之吟，几行魏颗之命。薄晚闲闺，老幼相携；蓬头王霸之子，

zhuī jì liáng hóng zhī qī　jiāo mài liǎng wèng　hán cài yì qí　fēng sāo sāo ér shù jí　tiān cǎn cǎn ér yún dī　jù kōng cāng ér cuī
椎髻梁鸿之妻。燋麦两瓮，寒菜一畦。风骚骚而树急，天惨惨而云低。聚空仓而崔

sǎng　jīng lǎn fù ér chán sī
嗓，惊懒妇而蝉嘶。

xī cǎo làn yú chuī xū　jí wén yán zhī qìng yú　mén yǒu tōng dé　jiā chéng cì shū　huò péi xuán wǔ zhī guàn　shí cān fèng
　昔草滥于吹嘘，籍文言之庆余。门有通德，家承赐书。或陪玄武之观，时参凤

huáng zhī xū　guān shòu lí yú xuān shì　fù zhǎng yáng yú zhí lú　suì nǎi shān bēng chuān jié　bīng suì wǎ liè　dà dào qián yí　cháng lí
凰之墟。观受厘于宣室，赋长杨于直庐。遂乃山崩川竭，冰碎瓦裂，大盗潜移，长离

yǒng miè　cuī zhí péi yú sān wēi　suì píng tú yú jiǔ zhé　jīng kē yǒu hán shuǐ zhī bēi　sū wǔ yǒu qiū fēng zhī bié　guān shān zé fēng
永灭。摧直辔于三危，碎平途于九折。荆轲有寒水之悲，苏武有秋风之别。关山则风

yuè qī chuàng　lǒng shuǐ zé gān cháng duàn jué　guī yán cǐ dì zhī hán　hè yà jīn nián zhī xuě　bǎi líng xī shū hū　guāng huá xī yǐ wǎn
月凄怆，陇水则肝肠断绝。龟言此地之寒，鹤讶今年之雪。百灵兮倏忽，光华兮已晚。

bù xuě yàn mén zhī xūn　xiān niàn hóng lù zhī yuǎn　fēi huái hǎi xī kě biàn　fēi jīn dān xī néng zhuàn　bú bào gǔ yú lóng mén　zhōng dī
不雪雁门之踦，先念鸿陆之远。非淮海兮可变，非金丹兮能转。不暴骨于龙门，终低

tóu yú mǎ bǎn　liàng tiān zào xī mèi mèi　jiē shēng mín xī hún hún
头于马坂。谅天造兮昧昧，嗟生民兮浑浑。

译文

　　一枝之上，巢父便得栖身之处：一壶之中，壶公就有安居之地。何况管宁有藜木床榻，虽磨损穿破但仍可安坐；嵇康打铁之灶，既能取暖又可睡眠其上。难道一定要有南阳樊重那样门户连属的高堂大厦；西汉王根那样绿色阶台、青漆门环的官舍！我有几亩小园一座破旧的小屋，寂寥清静与喧嚣尘世隔绝。姑且能与祭祀伏腊的阇屋相比，姑且能以此避风遮霜。虽像晏婴住宅近市，但不求朝夕之利；虽同潘岳面城而居，却可享安然闲居之乐。况且鹤鸣仅为警露，非有意乘华美之车；爱居鸟只是避风，本无心于钟鼓之祭。陆机、陆云兄弟也曾共同挤住一处，殷浩、韩伯舅甥相伴居住也不加区别。蜗牛之角，蚊目之睫，都足以容身。

　　于是徘徊于土筑小屋之中，聊同于颜阖破避而逃的住处。梧桐树间露水摇落，柳树之下清风徐来。有珠柱之琴弹奏，有《玉杯》名篇诵读。棠梨茂郁而无宏奢宫馆，酸枣盛多而无华美台榭。还有不规则的小园八九丈，纵横几十步，榆柳两三行，梨桃百余棵。拨开茂密的枝叶即见窗，走过曲折的幽径可得路。蝉有树荫隐蔽不惊恐，雉无罗网捕捉不惧怕。草树混杂，枝干交叉。一篑土为山，一小洼为水。与藏狸同窟而居，与乳鹊并巢生活。细菌连若贯珠，葫芦绵蔓高挂。在此可以解饿，可以栖居。狭室高低不平，茅屋漏风漏雨。房檐不高能碰到帽子，户们低小直身可触眼眉。帐子简朴，床笫简陋。鸟儿悠闲曼舞，花随四时开落。心如枯木，寂然无绪；发如乱丝，蓬白不堪。不怕炎热的夏日，不悲萧瑟的秋天。

　　游鱼一寸二寸，翠竹三竿两竿。雾气缭绕着丛生的菁草，九月的秋菊采为金精。有酸

枣酢梨、山桃郁李；积半床落叶，舞满屋香花。可以叫作野人之家，又可称为愚公之谷。在此卧息茂林之下乘荫纳凉，更可体味羡慕已久的散发隐居生活。园虽有门而经常关闭，实在是无水而沉的隐士。暮夏与荷锄者相识，五月受披裘者寻访。求葛洪药性之事，访京房周易之变。忘忧之草不能忘忧，长乐之花无心长乐。鸟何故而不饮鲁酒？鱼何情而出渊听琴？

加之不能适应此地不同的时令，又违背自己的性情品行。如崔骃不乐而损寿，如吴质因长愁而患病。埋石降伏宅神，悬镜威吓山妖。常惹起庄舄思乡之情，曾几次如魏子神志昏聩。每到傍晚，闲室之中，老老少少，相携相依。有首如飞蓬之子，有椎髻布衣之妻。有燋麦两瓮，有寒菜一畦。骚骚风吹树木摇曳，惨惨天色阴云低沉。雀聚空仓聒噪，蝉惊蟋蟀同鸣。

昔日草莽之人曾滥竽充数，承蒙皇恩家有余庆。家祖素性高洁，恩承皇上赐书。有时陪辇同游玄武阙，有时与驾共凤凰殿。如贾谊观受釐于宣室，如扬雄赋《长杨》于直庐。继而便崩川竭，冰碎瓦裂。大盗乱国，梁朝的光辉永远熄灭。经历如三危山路直紫摧折，艰险如九折坂上平途断裂。像荆轲寒水悲吟，像苏武秋风诀别，关山风月因思乡而显得凄怆，陇头流水使人肝肠断绝。龟诉北方之寒，故国沦丧；鹤叹今年之雪，不寒而栗。百年呵，弹指一挥；华年呵，老之将至。未雪坎坷耻辱的不幸厄运，又念如鸿雁远去滞留不返。不能如雀雉入淮海而变，不能如金丹于鼎中九转。不是暴腮点额于龙门，以身殉节；而是骐骥负车悲鸣马坂，屈辱难言。诚信天道呵，昏昧不仁；慨叹人们呵，不能了解我的苦衷。

谏太宗十思疏

〔唐〕 魏 征

原文

臣闻：求木之长者，必固其根本；欲流之远者，必浚其泉源；思国之安者，必积其德义。源不深而望流之远，根不固而求木之长，德不厚而思国之治，臣虽下愚，知其不可，而况于明哲乎？人君当神器之重，居域中之大，将崇极天之峻，永保无疆之休。不念居安思危，戒奢以俭，德不处其厚，情不胜其欲，斯亦伐根以求木茂，塞源而欲流长也。（思国一作：望国）

凡百元首，承天景命，莫不殷忧而道著，功成而德衰，有善始者实繁，能克终者盖寡。

岂其取之易守之难乎？昔取之而有余，今守之而不足，何也？夫在殷忧必竭诚以待下，既得志则纵情以傲物；竭诚则吴、越为一体，傲物则骨肉为行路。虽董之以严刑，震之以威怒，终苟免而不怀仁，貌恭而不心服。怨不在大，可畏惟人；载舟覆舟，所宜深慎。奔车朽索，其可忽乎？

君人者，诚能见可欲，则思知足以自戒；将有作，则思知止以安人；念高危，则思谦冲而自牧；惧满溢，则思江海下百川；乐盘游，则思三驱以为度；忧懈怠，则思慎始而敬终；虑壅蔽，则思虚心以纳下；惧谗邪，则思正身以黜恶；恩所加，则思无因喜以谬赏；罚所及，则思无以怒而滥刑。总此十思，宏兹九德，简能而任之，择善而从之，则智者尽其谋，勇者竭其力，仁者播其惠，信者效其忠；文武争驰，君臣无事，可以尽豫游之乐，可以养松乔之寿，鸣琴垂拱，不言而化。何必劳神苦思，代下司职，役聪明之耳目，亏无为之大道哉？

译文

　　我听说想要树木生长，一定要稳固它的根；想要泉水流得远，一定要疏通它的泉源；想要国家安定，一定要厚积道德仁义。源泉不深却希望泉水流得远，根系不牢固却想要树木生长。道德不深厚却想要国家安定，我虽然地位低见识浅，（也）知道这是不可能的，更何况（您这）聪明睿智（的人）呢！国君处于社稷中最重要的位置，在天地间尊大，就要推崇皇权的高峻，永远保持政权的和平美好。如果不在安逸的环境中想着危难，戒奢侈，行节俭，道德不能保持宽厚，性情不能克服欲望，这也（如同）挖断树根来求得树木茂盛，堵塞源泉而想要泉水流得远啊。

　　（古代）所有的帝王，承受了上天赋予的重大使命，他们没有一个不为国家深切地忧虑而且治理成效显著的，但大功告成之后国君的品德就开始衰微了。国君开头做得好的确实很多，能够坚持到底的大概不多，难道是取得天下容易守住天下困难吗？过去夺取天下时力量有余，现在守卫天下却力量不足，这是为什么呢？通常处在深重的忧虑之中一定能竭尽诚心来对待臣民，已经成功，就放纵自己的性情来傲视别人。竭尽诚心，即使一在北方，一在南方，也能结成一家，傲视别人，就会使亲人成为陌路之人。即使用严酷的刑罚来督责（人们），用威风怒气来吓唬（人们），（臣民）只求苟且免于刑罚而不怀念感激国君的仁德，表面上恭敬而在心里却不服气。（臣民）对国君的怨恨不在大小，可怕的只是百姓；（他们像水一样）能够负载船只，也能颠覆船只，这是应当深切谨慎的。疾驰的马车却用腐烂的绳索驾驭，怎么可以疏忽大意呢?

　　做国君的人，如果真的能够做到一见到能引起(自己)喜好的东西就要想到用知足来自我克制，将要兴建什么就要想到适可而止来使百姓安定，想到帝位高高在上就想到要谦虚并加强自我约束，害怕骄傲自满就想到要像江海那样能够(处于)众多河流的下游，喜爱狩猎就想到网三面留一面，担心意志松懈就想到(做事)要慎始慎终，担心(言路)不通受蒙蔽就想到虚心采纳臣下的意见，考虑到(朝中可能会出现)谗佞奸邪就想到使自身端正(才能)罢黜奸邪，施加恩泽就要考虑到不要因为一时高兴而奖赏不当，动用刑罚就要想到不要因为一时发怒而滥用刑罚。全面做到这十件应该深思的事，弘扬这九种美德，选拔有才能的人而任用他，挑选好的意见而听从它。那么有智慧的人就能充分献出他的谋略，勇敢的人就能完全使出他的力量，仁爱的人就能散播他的恩惠，诚信的人就能献出他的忠诚。文臣武将争先恐后前来效力，国君和大臣没有大事烦扰，可以尽情享受出游的快乐，可以颐养得像赤松子与王子乔那样长寿，皇上弹着琴垂衣拱手就能治理好天下，不用再说什么，天下人就已经都有教化了。为什么一定要(自己)劳神费思，代替臣下管理职事，役使自己灵敏、明亮的耳、眼，减损顺其自然就能治理好天下的大道理呢!

吊古战场文

〔唐〕 李 华

原文

浩浩乎，平沙无垠，夐不见人。河水萦带，群山纠纷。黯兮惨悴，风悲日曛。蓬断草枯，凛若霜晨。鸟飞不下，兽铤亡群。亭长告余曰："此古战场也，常覆三军。往往鬼哭，天阴则闻。"伤心哉! 秦欤汉欤? 将近代欤?

吾闻夫齐魏徭戍，荆韩召募。万里奔走，连年暴露。沙草晨牧，河冰夜渡。地阔天长，不知归路。寄身锋刃，腷臆谁愬? 秦汉而还，多事四夷，中州耗斁，无世无之。古称戎夏，不抗王师。文教失宣，武臣用奇。奇兵有异于仁义，王道迂阔而莫为。

呜呼噫嘻!

吾想夫北风振漠,胡兵伺便。主将骄敌,期门受战。野竖旌旗,川回组练。法重心骇,威尊命贱。利镞穿骨,惊沙入面,主客相搏,山川震眩。声析江河,势崩雷电。至若阴凝闭,凛冽海隅,积雪没胫,坚冰在须。鸷鸟休巢,征马踟蹰。缯纩无温,堕指裂肤。当此苦寒,天假强胡,凭陵杀气,以相剪屠。径截辎重,横攻士卒。都尉新降,将军复没。尸踣巨港之岸,血满长城之窟。无贵无贱,同为枯骨。可胜言哉!鼓衰兮力竭,矢尽兮弦绝,白刃交兮宝刀折,两军蹙兮生死决。降矣哉,终身夷狄;战矣哉,暴骨沙砾。鸟无声兮山寂寂,夜正长兮风淅淅。魂魄结兮天沉沉,鬼神聚兮云幂幂。日光寒兮草短,月色苦兮霜白。伤心惨目,有如是耶!

吾闻之:牧用赵卒,大破林胡,开地千里,遁逃匈奴。汉倾天下,财殚力痡。任人而已,岂在多乎!周逐猃狁,北至太原。既城朔方,全师而还。饮至策勋,和乐且闲。穆穆棣棣,君臣之间。秦起长城,竟海为关。荼毒生民,万里朱殷。汉击匈奴,虽得阴山,枕骸徧野,功不补患。

苍苍蒸民,谁无父母?提携捧负,畏其不寿。谁无兄弟?如足如手。谁无夫妇?如宾如友。生也何恩,杀之何咎?其存其没,家莫闻知。人或有言,将信将疑。悁悁心目,寤寐见之。布奠倾觞,哭望天涯。天地为愁,草木凄悲。吊祭不至,精魂无依。必有凶年,人其流离。呜呼噫嘻!时耶命耶?从古如斯!为之奈何?守在四夷。

译 文

广大辽阔的无边无际的旷野啊,极目远望看不到人影。河水弯曲得像带子一般,远处无数的山峰交错在一起。一片阴暗凄凉的景象:寒风悲啸,日色昏黄,飞蓬折断,野草枯萎,寒气凛冽犹如降霜的冬晨。鸟儿飞过也不肯落下,离群的野兽奔窜而过。亭长告诉我说:"这儿就是古代的战场,曾经大军覆没、尸横遍野。每逢阴天就会听到鬼哭的声音。真令人伤心啊!这是秦朝、汉朝,还是近代的战场呢?

我听说战国时期,齐魏征集壮丁服役,楚韩募集兵员备战。士兵们奔走万里边疆,年复一年暴露在外,早晨寻找沙漠中的水草放牧,夜晚穿涉结冰的河流。地远天长,不知道哪里是归家的道路。性命寄托于刀枪之间,苦闷的心情向谁倾诉?自从秦汉以来,四方边境上战争频繁,中原地区的损耗破坏,也无时不有。古时候说,外夷中夏,都不和天子的军队为敌;

后来不再宣扬礼乐教化，武将们就使用奇兵诡计。奇兵不符合仁义道德，王道被认为迂腐不切实际，谁也不去实行。呜呼噫嘻！

我想象北风摇撼着沙漠，胡兵乘机来袭。主将骄傲轻敌，敌兵已到营门才仓促接战。原野上竖起各种战旗，河谷地奔驰着全副武装的士兵。严峻的军法使人心惊胆战，当官的威权重大，士兵的性命微贱。锋利的箭镞穿透骨头，飞扬的沙粒直扑人面。敌我两军激烈搏斗，仿佛山川震荡，令人头晕目眩。声势之大，足以使江河分裂，雷电奔掣。何况正值极冬，空气凝结，天地闭塞，寒气凛冽的翰海边上，积雪陷没小腿，坚冰冻住胡须。凶猛的鸷鸟躲在巢里休息，惯战的军马也徘徊不前。绵衣毫无暖气，人冻得手指掉落，肌肤开裂。在这苦寒之际，老天假借强大的胡兵之手，凭仗寒冬肃杀之气，来斩伐屠戮我们的士兵，胡兵在半途中截取我军的物资，拦腰冲断我军的士兵队伍。都尉刚刚投降，将军又复战死。尸体僵仆在大港沿岸，鲜血淌满了长城下的窟穴。无论军阶高贵还是卑贱，同样成为枯骨。说不完的凄惨哟！鼓声微弱啊，战士已经精疲力竭；箭已射尽啊，弓弦也断裂。白刃相交肉搏啊，宝刀已折断；两军迫近啊，以生死相决。投降吧？终身将沦于异族；战斗吧？尸骨将暴露于沙砾！鸟儿无声啊群山沉寂，漫漫长夜啊悲风淅淅，阴魂凝结啊天色昏暗，鬼神聚集啊阴云厚积。日光惨淡啊映照着短草，月色凄苦啊笼罩着白霜。人间还有像这样令人伤心惨目的景况吗？

我听说过，李牧统率赵国的士兵，大破林胡的入侵，开辟疆土千里，匈奴望风远逃。而汉朝倾全国之力和匈奴作战，反而民穷财尽，国力削弱。关键是任人得当，哪在于兵多呢！周朝驱逐猃狁，一直追到太原，在北方筑城防御，尔后全军凯旋回京，在宗庙举行祭祀和饮宴，记功授爵，大家和睦愉快而又安适。君臣之间，端庄和蔼，恭敬有礼。而秦朝修筑长城，直到海边都建起关塞，残害了无数的人民，鲜血把万里大地染成了赤黑；汉朝出兵攻击匈奴，虽然占领了阴山，但阵亡将士骸骨遍野，互相枕藉，实在是得不偿失。

苍天所生众多的人民，谁没有父母？从小拉扯带领，抱着背着，唯恐他们夭折。谁没有亲如手足的兄弟？谁没有相敬如宾的妻子？他们活着受过什么恩惠？又犯了什么罪过而遭杀害？他们的生死存亡，家中无从知道；即使听到有人传讯，也是疑信参半。整日忧愁郁闷，夜间音容入梦。不得已只好陈列祭品，酹酒祭奠，望远痛哭。天地为之忧愁，草木也含悲伤。这样不明不白的吊祭，不能为死者在天之灵所感知，他们的精魂也无所归依。何况战争之后，一定会出现灾荒，人民难免流离失所。唉唉！这是时势造成，还是命运招致的呢？从古以来就是如此！怎样才能避免战争呢？唯有宣扬教化，施行仁义，才能使四方民族为天子守卫疆土啊。

伶官传序

〔北宋〕 欧阳修

原 文

呜呼！盛衰之理，虽曰天命，岂非人事哉！原庄宗之所以得天下，与其所以失之者，可以知之矣。

世言晋王之将终也，以三矢赐庄宗而告之曰："梁，吾仇也；燕王，吾所立，契丹与吾约为兄弟，而皆背晋以归梁。此三者，吾遗恨也。与尔三矢，尔其无忘乃父之志！"庄宗受而藏之于庙。其后用兵，则遣从事以一少牢告庙，请其矢，盛以锦囊，负而前驱，及凯旋而纳之。

方其系燕父子以组，函梁君臣之首，入于太庙，还矢先王，而告以成功，其意气之盛，可谓壮哉！及仇雠已灭，天下已定，一夫夜呼，乱者四应，仓皇东出，未及见贼而士卒离散，君臣相顾，不知所归，至于誓天断发，泣下沾襟，何其衰也！岂得之难而失之易欤？抑本其成败之迹，而皆自于人欤？《书》曰："满招损，谦得益。"忧劳可以兴国，逸豫可以亡身，自然之理也。

故方其盛也，举天下豪杰，莫能与之争；及其衰也，数十伶人困之，而身死国灭，为天下笑。夫祸患常积于忽微，而智勇多困于所溺，岂独伶人也哉？

译 文

唉！国家兴盛与衰亡的命运，虽然说是天命，难道不是由于人事吗？推究庄宗得天下和他失天下的原因，就可以知道了。

世人说(唐末五代时)晋王(李克用)将死的时候，拿三支箭赐给庄宗，告诉他说："梁国，是我的仇敌；燕王，是我扶持起来的；契丹与我订立盟约，结为兄弟，他们却都背叛晋而归顺梁。这三件事，是我的遗留的仇恨；给你三支箭，你一定不要忘记你父亲的愿望。"庄宗接了箭，把它收藏在祖庙里。此后出兵，就派随从官员用猪、羊各一头祭告祖庙，请下那三支箭，用锦囊盛着，背着它走在前面，等到凯旋时再把箭藏入祖庙。

当庄宗用绳子捆绑着燕王父子，用木匣装着梁君臣的首级，进入太庙，把箭还给先王，向先王禀告成功的时候，他意气骄盛，多么雄壮啊。等到仇敌已经消灭，天下已经平定，一个人在夜间呼喊，作乱的人便四方响应，他匆忙向东出逃，还没有看到叛军，士卒就离散了，君臣相对而视，不知回到哪里去。以至于对天发誓，割下头发，大家的泪水沾湿了衣襟，又是多么衰颓啊。难道是得天下艰难而失天下容易吗？或者说推究他成功与失败的事迹，都是由于人事呢？《尚书》上说："自满招来损害，谦虚得到好处。"忧虑辛劳可以使国家兴盛，安闲享乐可以使自身灭亡，这是自然的道理。

因此，当庄宗强盛的时候，普天下的豪杰，都不能跟他抗争；等到他衰败的时候，身边几十个伶人就能围困他，使他丧命，使国家灭亡，被天下人讥笑。祸患常常是从细微的事情积累起来的，人的才智勇气往往被他溺爱的事物限制住，哪里仅仅是伶人啊！

训 俭 示 康

〔北宋〕 司马光

原文

吾本寒家，世以清白相承。吾性不喜华靡，自为乳儿，长者加以金银华美之服，辄羞赧弃去之。二十忝科名，闻喜宴独不戴花。同年曰："君赐不可违也。"乃簪一花。平生衣取蔽寒，食取充腹；亦不敢服垢弊以矫俗干名，但顺吾性而已。众人皆以奢靡为荣，吾心独以俭素为美。人皆嗤吾固陋，吾不以为病。应之曰："孔子称'与其不逊也宁固'。又曰'以约失之者鲜矣。'又曰'士志于道，而耻恶衣恶食者，未足与议也。'古人以俭为美德，今人乃以俭相诟病。嘻，异哉！"

近岁风俗尤为侈靡，走卒类士服，农夫蹑丝履。吾记天圣中，先公为群牧判官，客至未尝不置酒，或三行、五行，多不过七行。酒酤于市，果止于梨、栗、枣、柿之类；肴止于脯、醢、菜羹，器用瓷、漆。当时士大夫家皆然，人不相非也。会数而礼勤，物薄而情厚。近日士大夫家，酒非内法，果、肴非远方珍异，食非多品，器皿非满案，不敢会宾友，常量月营聚，然后敢发书。苟或不然，人争非之，以为鄙吝。故不随俗靡者，盖鲜矣。嗟乎！

风俗颓弊如是，居位者虽不能禁，忍助之乎！

又闻昔李文靖公为相，治居第于封丘门内，厅事前仅容旋马，或言其太隘。公笑曰："居第当传子孙，此为宰相厅事诚隘，为太祝奉礼厅事已宽矣。"参政鲁公为谏官，真宗遣使急召之，得于酒家，既入，问其所来，以实对。上曰："卿为清望官，奈何饮于酒肆？"对曰："臣家贫，客至无器皿、肴、果，故就酒家觞之。"上以无隐，益重之。张文节为相，自奉养如为河阳掌书记时，所亲或规之曰："公今受俸不少，而自奉若此。公虽自信清约，外人颇有公孙布被之讥。公宜少从众。"公叹曰："吾今日之俸，虽举家锦衣玉食，何患不能？顾人之常情，由俭入奢易，由奢入俭难。吾今日之俸岂能常有？身岂能常存？一旦异于今日，家人习奢已久，不能顿俭，必致失所。岂若吾居位、去位、身存、身亡，常如一日乎？"呜呼！大贤之深谋远虑，岂庸人所及哉！

御孙曰："俭，德之共也；侈，恶之大也。"共，同也；言有德者皆由俭来也。夫俭则寡欲，君子寡欲，则不役于物，可以直道而行；小人寡欲，则能谨身节用，远罪丰家。故曰："俭，德之共也。"侈则多欲。君子多欲则贪慕富贵，枉道速祸；小人多欲则多求妄用，败家丧身；是以居官必贿，居乡必盗。故曰："侈，恶之大也。"

昔正考父饘粥以糊口，孟僖子知其后必有达人。季文子相三君，妾不衣帛，马不食粟，君子以为忠。管仲镂簋朱纮，山节藻棁，孔子鄙其小器。公叔文子享卫灵公，史䲡知其及祸；及戌，果以富得罪出亡。何曾日食万钱，至孙以骄溢倾家。石崇以奢靡夸人，卒以此死东市。近世寇莱公豪侈冠一时，然以功业大，人莫之非，子孙习其家风，今多穷困。其余以俭立名，以侈自败者多矣，不可遍数，聊举数人以训汝。汝非徒身当服行，当以训汝子孙，使知前辈之风俗云。

译文

我 本来出生在卑微之家，世世代代承袭清廉的家风。我生性不喜欢奢华浪费。从幼儿时起，长辈把金银饰品和华丽的服装加在我身上，我总是感到羞愧而把它们抛弃掉。二十岁忝中科举，闻喜宴上独有我不戴花。同年中举的人说："皇帝的恩赐不能违抗。"于是(我)才在头上插一枝花。一辈子对于衣服取其足以御寒就行了，对于食物取其足以充饥就行了，但也不敢故意穿脏破的衣服以显示与众不同而求得好名声，只是顺从我的本性做事罢了。

一般的人都以奢侈浪费为荣，我心里唯独以节俭朴素为美，人们都讥笑我固执鄙陋，我很不以为然。回答他们说："孔子说：'与其骄纵不逊，宁可简陋寒酸'，又说：'因为节约而犯过失的很少'，又说：'有志于探求真理而以穿得不好吃得不好为羞耻的读书人，是不值得跟他谈话的'，古人把节俭看作美德，当今的人却因节俭而相讥议，哎，真奇怪啊！"

近年来的风气尤为奢侈浪费，跑腿的大多穿士人衣服，农民穿丝织品做的鞋。我记得天圣年间我的父亲担任群牧司判官，有客人来未尝不备办酒食，有时行三杯酒，或者行五杯酒，最多不超过七杯酒。酒是从市场上买的，水果只限于梨子、枣子、板栗、柿子之类，菜肴只限于干肉、肉酱、菜汤，餐具用瓷器、漆器。当时士大夫家里都是这样，人们并不会有什么非议。聚会虽多，但只是礼节上殷勤，用来作招待的东西虽少，但情谊深。近来士大夫家，酒假如不是按宫内酿酒的方法酿造的，水果、菜肴假如不是远方的珍品特产，食物假如不是多个品种、餐具假如不是摆满桌子，就不敢约会宾客好友，常常是经过了几个月的经办聚集，然后才敢发信邀请。否则，人们就会争先责怪他，认为他鄙陋吝啬。所以不跟着习俗随风倒的人就少了。唉！风气败坏得像这样，有权势的人即使不能禁止，能忍心助长这种风气吗？

又听说从前李文靖公担任宰相时，在封丘门内修建住房，厅堂前仅仅能够让一匹马转过身。有人说地方太狭窄，李文靖公笑着说："住房要传给子孙，这里作为宰相办事的厅堂确实狭窄了些，但作为太祝祭祀和奉礼司仪的厅堂已经很宽了。"参政鲁公担任谏官时，真宗派人紧急召见他，是在酒店里找到他的。入朝后，真宗问他从哪里来的，他据实回答。皇上说："你担任清要显贵的谏官，为什么在酒馆里喝酒？"鲁公回答说："臣家里贫寒，客人来了没有餐具、菜肴、水果，所以就着酒馆请客人喝酒。"皇上因为鲁公没有隐瞒，更加敬重他。张文节担任宰相时，自己生活享受如同从前当河阳节度判官时一样，亲近的人有的劝告他说："您现在领取的俸禄不少，可是自己生活享受像这样俭省，您虽然自己知道确实是清廉节俭，外人有很多对您有'张文节像公孙弘盖布被搞欺诈'的讥评。您应该稍微随从一般人的习惯做法才是。"张文节叹息说："我现在的俸禄，即使全家穿绸挂缎、膏粱鱼肉，怕什么不能做到？然而人之常情，由节俭进入奢侈很容易，由奢侈进入节俭就困难了。像我现在这么高的俸禄难道能够一直拥有？身躯难道能够一直活着？如果有一天我罢官或死去，情况与现在不一样，家里的人习惯奢侈的时间已经很长了，不能立刻节俭，那时候一定会导致无存身之地。哪如无论我做官还是罢官、活着还是死去，家里的生活情况都永久如同一天不变呢？"唉！大贤者的深谋远虑，哪是才能平常的人所能比得上的呢？

御孙说："节俭，是最大的美德；奢侈，是最大的恶行。"共，就是同，是说有德行的人都是从节俭做起的。因为，如果节俭就少贪欲，有地位的人如果少贪欲就不被外物役使，可以走正直的路。没有地位的人如果少贪欲就能约束自己，节约费用，避免犯罪，使家室富裕，所以说："节俭，是各种好的品德共有的特点。"如果奢侈就多贪欲，有地位的人如果多贪欲就会贪恋爱慕富贵，不循正道而行，招致祸患，没有地位的人多贪欲就会多方营求，随意挥霍，败坏家庭，丧失生命，因此，做官的人如果奢侈必然贪污受贿，平民百姓如果奢侈必然盗窃别人的钱财。所以说："奢侈，是最大的恶行。"

过去正考父用饘粥来维持生活，孟僖子因此推知他的后代必出显达的人。季文子辅佐鲁文公、宣公、襄公三君王时，他的小妾不穿绸衣，马不喂小米，当时有名望的人认为他忠于公室。管仲使用的器具上都精雕细刻着多种花纹，戴的帽子上缀着红红的帽带，住的房屋里，连斗拱上都刻绘着山岳图形，连梁上短柱都用精美的图案装饰着。孔子看不起他，认为他不是一个大才。公叔文子在家中宴请卫灵公，史鳅推知他必然会遭到祸患，到了他儿子公叔戌时，果然因家中豪富而获罪，以致逃亡在外。何曾一天饮食要花去一万铜钱，到了他的孙子这一代就因为骄奢而家产荡尽。石崇以奢侈靡费的生活向人夸耀，最终因此而死于刑场。近代寇莱公豪华奢侈堪称第一，但因他的功劳业绩大，人们没有批评他，子孙习染他的这种家风，现在大多穷困了。其他因为节俭而树立名声，因为奢侈而自取灭亡的人还有很多，不能一一列举，上面姑且举出几个人来教导你。你不仅仅自身应当实行节俭，还应当用它来教导你的子孙，使他们了解前辈的作风习俗。

大 铁 椎 传

〔清〕 魏 禧

原 文

庚戌十一月，予自广陵归，与陈子灿同舟。子灿年二十八，好武事，予授以左氏兵谋兵法，因问："数游南北，逢异人乎？"子灿为述大铁椎，作《大铁椎传》。

大铁椎，不知何许人，北平陈子灿省兄河南，与遇宋将军家。宋，怀庆青华镇人，工技击，七省好事者皆来学，人以其雄健，呼宋将军云。宋弟子高信之，亦怀庆人，多力善射，长子灿七岁，少同学，故尝与过宋将军。

时座上有健啖客，貌甚寝，右胁夹大铁椎，重四五十斤，饮食拱揖不暂去。柄铁折叠环复，如锁上练，引之长丈许。与人罕言语，语类楚声。扣其乡及姓字，皆不答。

既同寝，夜半，客曰："吾去矣！"言讫不见。子灿见窗户皆闭，惊问信之。信之曰："客初至，不冠不袜，以蓝手巾裹头，足缠白布，大铁椎外，一物无所持，而腰多白金。吾与将军俱不敢问也。"子灿寐而醒，客则鼾睡炕上矣。

一日，辞宋将军曰："吾始闻汝名，以为豪，然皆不足用。吾去矣！"将军强留之，乃曰："吾数击杀响马贼，夺其物，故仇我。久居，祸且及汝。今夜半，方期我决斗某所。"宋将军欣然曰："吾骑马挟矢以助战。"客曰："止！贼能且众，吾欲护汝，则不快吾意。"宋将军故自负，且欲观客所为，力请客。客不得已，与偕行。将至斗处，送将军登空堡上，曰："但观之，慎弗声，令贼知也。"

时鸡鸣月落，星光照旷野，百步见人。客驰下，吹觱篥数声。顷之，贼二十余骑四面集，步行负弓矢从者百许人。一贼提刀突奔客，客大呼挥椎，贼应声落马，马首裂。众贼环而进，客奋椎左右击，人马仆地，杀三十许人。宋将军屏息观之，股栗欲堕。忽闻客大呼曰："吾去矣。"尘滚滚东向驰去。后遂不复至。

魏禧论曰：子房得力士，椎秦皇帝博浪沙中。大铁椎其人欤？天生异人，必有所用之。予读陈同甫《中兴遗传》，豪俊、侠烈、魁奇之士，泯泯然不见功名于世者，又何多也！岂天之生才不必为人用欤？抑用之自有时欤？子灿遇大铁椎为壬寅岁，视其貌当年三十，然大铁椎今年四十耳。子灿又尝见其写市物帖子，甚工楷书也。

译文

庚戌年十一月，我从扬州回家，与陈子灿同船。子灿时年二十八岁，爱好弄枪使棒，我给他讲授《左传》中的兵谋兵法时，趁机问："你走南闯北，碰到过奇异之人吗？"子灿向我讲述了大铁椎的事，于是我写了《大铁椎传》。

大铁椎，不知是什么地方人。北平陈子灿到河南去看望他的哥哥，在宋将军家里遇见了大铁椎。宋将军是怀庆青华镇人，擅长武术，七省爱好武术的人都来向他学习，人们因他长得魁梧健壮，所以叫他宋将军。宋将军的徒弟高信之，也是怀庆人，力气大，擅长射箭，比陈子灿大七岁，是他小时候的同学，因此陈子灿曾经与他一同访问过宋将军。

当时座上有个饭量很大的客人，容貌很丑陋，右腋下夹着个大铁椎，有四五十斤重，吃饭以及拱手行礼时，一刻也不放下它。大铁椎柄上的铁链折叠围绕着，像锁上的链子，把它拉开有一丈多长。他很少跟人们交谈,说话像楚地(今湖南湖北一带)的口音。问他家乡在哪,姓甚名何,都不作回答。

我们在一起睡觉,到半夜,客人说:"我走了。"话音刚落,人就不见了。陈子灿见窗门都关着,就吃惊地问高信之。高信之说:"客人刚来时,不戴帽子,不穿袜子,用蓝手巾包着头,脚上缠着白布,除了大铁椎外,什么东西都没有携带,而腰带中裹着很多银子。我和宋将军都不敢问他。"陈子灿一觉醒来,客人却已打着呼噜睡在床上了。

有一天,客人向宋将军告辞说:"我当初听到你的名声时,把你当作英雄豪杰,然而你的武艺全不顶用,我走了。"宋将军竭力挽留他,他就说:"我曾屡次打杀拦路抢劫的强盗,夺取他们的财物,因此他们很恨我。我若久留此地,灾祸将会牵连到你。今晚半夜,强盗们正约定和我到某个地方决斗。"宋将军高兴地说:"我骑着马带着弓箭来助战。"客人说:"不要去,强盗本领强且人又多,我想要保护你,就不能杀个痛快。"宋将军向来自以为了不起,并且也很想看看客人的本领,就竭力请求客人同往。客人没办法,就带他一起走。将要到达决斗的地方,客人送宋将军登上一座荒废无人的堡垒,说:"你只许观看,千万别作声,(以免)让强盗们发觉你。"

这时,鸡叫月落,星光照着空旷的原野,百步之内能够看见人。客人骑马飞驰而下,吹了几声觱篥。一会儿,二十多个骑马的强盗从四面聚集过来,徒步行走背着弓箭跟在后面的有一百多人。一个强盗提着刀纵马冲向客人,客人大喊:"看椎。"挥舞起铁椎,强盗应声坠落马下,马头也被砸得碎裂。那伙强盗向前包围上来,客人奋力挥舞铁椎左右猛击,强盗们连人带马栽倒在地,三十多人被杀死。宋将军屏住呼吸观看这场恶战,吓得两腿发抖,几乎从堡垒上掉下来。忽然听到客人大声呼喊道:"我走啦!"尘灰滚滚,朝着东方飞奔而去。之后就再也没有回来。

魏禧评论说:张良找到了大力士,在博浪沙用铁椎捶击秦始皇,大铁椎大概也是那种人吧?老天生下有奇异才能的人,一定有用得着他的地方。但我读陈亮的《中兴遗传》,发现那些才智出众、侠义刚烈、雄奇卓异的人,无声无息地不能在当代显露功绩声名的,又为什么这样多呢?是不是上天降生的人才不一定被人任用呢?还是任用他们自会有一定的时机呢?陈子灿遇见大铁椎是壬寅年,看他的相貌应当是三十岁,那么大铁椎当时已有四十岁了。子灿又曾经看见他写买东西的单子,楷书写得非常工整漂亮。

《黄花岗烈士事略》序

〔近代〕 孙 文

原文

满清末造，革命党人历艰难险巇，以坚毅不挠之精神，与民贼相搏，踬踣者屡，死事之惨，以辛亥三月二十九日围攻两广督署之役为最，吾党菁华，付之一炬，其损失可谓大矣。然是役也，碧血横飞，浩气四塞，草木为之含悲，风云因而变色，全国久蛰之人心，乃大兴奋。怨愤所积，如怒涛排壑，不可遏抑，不半载而武昌之大革命以成，则斯役之价值，直可惊天地、泣鬼神，与武昌革命之役并寿。

顾自民国肇造，变乱纷乘，黄花岗上一抔土，犹湮没于荒烟蔓草间，延至七年，始有墓碣之建修，十年始有事略之编纂；而七十二烈士者，又或有纪载而语焉不详，或仅存姓名而无事迹，甚者且姓名不可考，如史载田横事，虽以史迁之善传游侠，亦不能为五百人立传，滋可痛已！

邹君海滨以所辑《黄花岗烈士事略》丐序于予。时予方以讨贼督师桂林，环顾国内，贼氛方炽，杌陧之象，视清季有加；而予三十年前所主唱之三民主义、五权宪法为诸先烈所不惜牺牲生命以争者，其不获实行也如故。则予此行所负之责任，尤倍重于三十年前。倘国人皆以诸先烈之牺牲精神为国奋斗，助予完成此重大之责任，实现吾人理想之真正中华民国，则此一部开国血史，可传世而不朽；否则不能继述先烈遗志且光大之，而徒感慨于其遗事，斯诚后死者之羞也。

余为斯序，既痛逝者，并以为国人之读兹编者勖。

译文

清朝末年，革命党人历尽艰难险阻，以顽强不屈的精神和国民的敌人斗争，受到的挫折不止一次，其中死伤的惨重，以辛亥年三月二十九日（1911年4月17日）围攻两广总督衙门这次最大。我党的优秀分子，一下子毁灭了，这个损失可以说太大了。可是这次战斗，烈士的鲜血横飞，正气充满四方，草木为他们悲伤，风云因此而变色，全国人民长久沉默的反抗之心，这才大大振奋起来。长时期所积蓄的怨愤，像汹涌的波涛冲击山沟一样，势不可当。不到半年武昌大革命因而成功！这次广州起义的价值，简直可以使天地震惊，使鬼神哭泣，和武昌革命并存。

但是，从民国建立以来，变乱一个接着一个发生，黄花岗上的烈士坟墓，仍然湮没于荒烟乱草之中。拖延到民国七年，才修建了坟墓和石碑；民国十年，才开始编纂烈士的事迹。可是这七十二位烈士，有的有记载而文字不详细，有的仅留下姓名而没有事迹(的记载)，甚至有的连姓名也无从考察，好像历史上记载田横的事迹一样，即使善于为游侠作传的司马迁，也不能为五百人一一立传，这是很可悲的事。

邹海滨先生，拿他所编辑的黄花岗烈士的事迹请我作序。当时我正为了讨贼之事在桂林统帅部队。看看国内形势，敌人气焰正盛，(国家)倾危的迹象，比清朝末年还要厉害，而我三十年前所主张倡导的三民主义、五权宪法，是各位先烈所不惜牺牲生命来争取的，这些(主张)不能实行，仍然像原先那样。因此我这次出征所担负的责任，比三十年前更加重大。如果全国人民都能用先烈的牺牲精神为国奋斗，帮助我完成这项重大任务，实现我们理想的、真正的中华民国，那么，这一部开国的用鲜血写成的历史，就可永垂不朽！否则，不能继承先烈遗志并发扬光大，却仅仅对他们的事迹发些感慨，这确实是我们还未死的人的耻辱！我写这篇序，既是哀痛死去的人，又是用来勉励读这本书的我国人民。

与 妻 书

〔近代〕 林觉民

原文

意映卿卿如晤：吾今以此书与汝永别矣！吾作此书时，尚为世中一人；汝看此书时，吾已成为阴间一鬼。吾作此书，泪珠和笔墨齐下，不能书竟，而欲搁笔。又恐汝不察吾衷，谓吾忍舍汝而死，谓吾不知汝之不欲吾死也，故遂忍悲为汝言之。

吾至爱汝！即此爱汝一念，使吾勇于就死也！吾自遇汝以来，常愿天下有情人都成眷属，然遍地腥云，满街狼犬，称心快意，几家能够？司马青衫，吾不能学太上之忘情也。语云，仁者"老吾老以及人之老，幼吾幼以及人之幼"。吾充吾爱汝之心，助天下人爱其所

爱，所以敢先汝而死，不顾汝也。汝体吾此心，于悲啼之余，亦以天下人为念，当亦乐牺牲吾身与汝身之福利，为天下人谋永福也。汝其勿悲。

汝忆否四五年前某夕，吾尝语曰："与使吾先死也，无宁汝先吾而死。"汝初闻言而怒，后经吾婉解，虽不谓吾言为是，而亦无辞相答。吾之意盖谓以汝之弱，必不能禁失吾之悲，吾先死留苦与汝，吾心不忍，故宁请汝先死，吾担悲也。嗟夫，谁知吾卒先汝而死乎！

吾真不能忘汝也！回忆后街之屋，入门穿廊，过前后厅，又三四折有小厅，厅旁一室为吾与汝双栖之所。初婚三四个月，适冬之望日前后，窗外疏梅筛月影，依稀掩映，吾与汝并肩携手，低低切切，何事不语，何情不诉！及今思之，空余泪痕！又回忆六七年前，吾之逃家复归也，汝泣告我："望今后有远行，必以告妾，妾愿随君行。"吾亦既许汝矣。前十余日回家，即欲乘便以此行之事语汝，及与汝相对，又不能启口；且以汝之有身也，更恐不胜悲，故惟日日呼酒买醉。嗟夫！当时余心之悲，盖不能以寸管形容之。

吾诚愿与汝相守以死。第以今日事势观之，天灾可以死，盗贼可以死，瓜分之日可以死，奸官污吏虐民可以死，吾辈处今日之中国，国中无地无时不可以死！到那时使吾眼睁睁看汝死，或使汝眼睁睁看我死，吾能之乎！抑汝能之乎！即可不死，而离散不相见，徒使两地眼成穿而骨化石，试问古来几曾见破镜能重圆，则较死为苦也。将奈之何？今日吾与汝幸双健；天下人人不当死而死，与不愿离而离者，不可数计；钟情如我辈者，能忍之乎？此吾所以敢率性就死不顾汝也！吾今死无余憾，国事成不成，自有同志者在。依新已五岁，转眼成人，汝其善抚之，使之肖我。汝腹中之物，吾疑其女也，女必像汝，吾心甚慰；或又是男，则亦教其以父志为志，则我死后，尚有二意洞在也，甚幸甚幸！吾家后日当甚贫，贫无所苦，清静过日而已。

译文

意映爱妻如见：我现在用这封信跟你永别了！我写这封信的时候，还是世上的一个人，你看到这封信的时候，我已经成为阴间的一个鬼。我写这封信时，泪珠和笔墨一起洒落下来，不忍写完而想搁笔，又担心你不能体察我的衷情，以为我忍心抛弃你而去死，以为我不了解你是多么希望我活下去，所以就强忍着悲痛给你写下去。

　　我极其爱你，就是这爱你的念头，使我勇敢地走向死亡啊。我自从遇到你以来，常常希望普天下的有情人都能够结成恩爱夫妻；然而遍地是腥血、满街是狼犬，有几家能够称心快意地过日子呢？人民的灾难使我和白居易那样泪湿青衫，我不能学古代圣人那样忘情。古语说：有仁爱心肠的人"尊敬我家里的长辈，从而推广到尊敬别人家里的长辈；爱护我家里的儿女，从而推广到爱护别人家里的儿女"。我扩充一片爱你的心，去帮助天下人也能爱自己所爱的人，所以我果敢决定在你死以前先死，只好忍心丢下你而不顾了。你要体谅我的一片苦心，在哭泣之余，也从全国人民的幸福着想，一定会乐于牺牲我和你个人的幸福，去为全国同胞谋求永久的幸福。你不要悲伤啊！

　　你记得吗？四五年前某个晚上，我曾经告诉你说："与其使我先死，不如你比我先死。"你开始听了发怒，后来经过我委婉的解释，你虽然不认为我的话是对的，但也无言回答我。我的意思原是说凭你的纤弱，一定经受不住失掉我的悲痛，我先死把痛苦留给你，我是不忍心的，所以宁愿让你先死，我来担当一切苦难与悲痛。唉！哪里料到我终于死在你之前呢！

　　我确确实实不能忘记你啊！回忆后街上的家宅，进门，穿过长廊，经过前厅、后厅，再拐三四个弯，有个小厅，厅旁有个房间，就是我们夫妻住的地方。新婚后的三、四个月，恰巧是冬天，一个望日前后，窗外月光透过稀疏的梅枝，照射下来，就好像从筛子的孔眼里漏出一样，月色和梅影迷朦相映；我跟你肩并肩，手拉手，轻声细语，何事不谈？何情不诉？现在想起来，只留下满面泪痕。又回想起六、七年前，我离家归来，你哭着对我说："希望你今后如有远行，一定事先告诉我，我愿意跟随你一起去。"我也答应了你。前十几天我回到家中，就想乘便把这次行动的事告诉你，等到跟你相对时，又不忍张口，而且因为你已经怀孕，更加担心你经受不住悲痛，所以只有天天喝酒以求醉。唉！当时我内心的悲痛，是不能用笔墨来形容的。

　　我确实是希望跟你共同生活到老，但从今天的形势看来，天灾能够造成死亡，盗贼能够造成死亡，国家被列强瓜分时能够造成死亡，贪官污吏虐待平民百姓能够造成死亡，我们这代人身处今天的中国，国内每个地方，每时每刻，都可能造成死亡，到那个时候使我眼睁睁看你死，或者让你眼睁睁看我死，我能这样做么？还是你能这样做么？即使能够不死，而我们夫妻离散不能相会，白白地使两人望眼欲穿，化骨为石，试问，自古以来有几对夫妻离散而又重新团聚？生离是比死别更为痛苦的，该怎么办呢？今天我跟你有幸健在。全国人民中不当死而死、不愿分离而被迫分离的，多得不能用数字来计算。像我们这样感情浓挚的人，能忍看这种惨状吗？这就是我断然干脆地为革命而死、舍你不顾的原因。我现在为革命死毫无遗恨，国家大事成与不成自有同志们在。依新现已五岁，转眼就要成人，你可要好好抚育他，使他像我一样也以天下国家为念。你腹中怀着的孩子，我猜是个女孩，女孩一定像你，(如果那样)我的内心感到非常宽慰。或许又是个男孩，那么也要教育他，以父亲的志向为志向，那么，我死了以后还有两个林觉民呢。幸运极了，幸运极了！我家以后的生活肯定非常贫困；贫困不要紧，清静些过日子罢了。

国风·卫风·河广

〔春秋〕 佚 名

shuí wèi hé guǎng　　yì wěi háng zhī　　shuí wèi sòngyuǎn　　qǐ yǔ wàng zhī
谁谓河广？一苇杭之。谁谓宋远？跂予望之。

shuí wèi hé guǎng　　zēng bù róng dāo　　shuí wèi sòngyuǎn　　zēng bù chóngzhāo
谁谓河广？曾不容刀。谁谓宋远？曾不崇朝。

译文

谁说黄河宽又广？一片苇筏就能航。谁说宋国很遥远？踮起脚尖就能望见。
谁说黄河广又宽？难以容纳小木船。谁说宋国很遥远？一个早晨就能到达。

赏析

这首诗应该是春秋时代侨居卫国的宋人表达自己还乡心情急迫的思乡诗作。此诗的主人公，按《毛诗序》旧说当是归于卫国的卫文公之妹宋襄公之母，因为思念儿子，又不可违礼往见，故有是诗之作；现代的研究者多不从此说，而定其为客旅在卫的宋人，急于归返父母之邦的思乡之作。

国　殇

〔战国〕 屈 原

cāo wú gē xī pī xī jiǎ　　chē cuò gǔ xī duǎnbīng jiē
操吴戈兮被犀甲，车错毂兮短兵接。

jīng bì rì xī dí ruò yún　　shǐ jiāozhuì xī shì zhēngxiān
旌蔽日兮敌若云，矢交坠兮士争先。

líng yú zhèn xī liè yú xíng　　zuǒ cān yì xī yòu rèn shāng
凌余阵兮躐余行，左骖殪兮右刃伤。

mái liǎng lún xī zhí sì mǎ　　yuán yù bāo xī jī míng gǔ
霾两轮兮絷四马，援玉枹兮击鸣鼓。

tiān shí zhuì xī wēi líng nù　　yán shā jìn xī qì yuán yě
天时坠兮威灵怒，严杀尽兮弃原野。

chū bú rù xī wǎng bù fǎn　　píngyuán hū xī lù chāoyuǎn
出不入兮往不反，平原忽兮路超远。

dài cháng jiàn xī xié qín gōng　　shǒu shēn lí xī xīn bù chéng
带长剑兮挟秦弓，首身离兮心不惩。

chéng jì yǒng xī yòu yǐ wǔ　　zhōng gāng qiáng xī bù kě líng
诚既勇兮又以武，终刚强兮不可凌。

shēn jì sǐ xī shén yǐ líng　　zǐ hún pò xī wéi guǐ xióng
身既死兮神以灵，子魂魄兮为鬼雄！

译 文

手拿干戈啊身穿犀皮甲，战车交错啊刀剑相砍杀。
旗帜蔽日啊敌人如乌云，飞箭交坠啊士卒勇争先。
犯我阵地啊践踏我队伍，左骖死去啊右骖被刀伤。
埋住两轮啊绊住四匹马，手拿玉槌啊敲打响战鼓。
天昏地暗啊威严神灵怒，残酷杀尽啊尸首弃原野。
出征不回啊往前不复返，平原迷漫啊路途很遥远。
佩带长剑啊挟着强弓弩，首身分离啊壮心不改变。
实在勇敢啊富有战斗力，始终刚强啊没人能侵犯。
身已死亡啊精神永不死，您的魂魄啊为鬼中英雄！

赏 析

《九歌》中的《国殇》，是一首追悼为国牺牲的将士的挽歌。据说，诗人是为楚怀王十七年(前312年)，秦大败楚军于丹阳、蓝田一役中牺牲的楚军将士而写(当然，不同的说法也很多)。

全诗生动地描绘了一次战役的经过：将士们身披犀甲，手持吴戈，人人奋勇争先，与敌人展开了短兵相接的战斗。只见战旗遮盖住太阳，战鼓震天动地。流矢在阵地上纷纷坠落，双方战车交替，车轮深深地陷入泥土中，四匹马挣扎着，还是拉不起来。由于敌军众多，我军伤亡惨重，左侧的边马倒下了，右侧的边马也被兵刃杀伤。壮士们身佩长剑，腋夹秦弓，捐躯于寥廓超远的疆场。

诗人热烈地礼赞道：英雄们真是意志刚强、武力强大，身虽死而志不可夺！他们死而有知，英灵不泯，在鬼中也是出类拔萃的英雄！

大风歌

〔西汉〕 刘 邦

dà fēng qǐ xī yún fēi yáng
大风起兮云飞扬，

wēi jiā hǎi nèi xī guī gù xiàng
威加海内兮归故乡，

ān dé měng shì xī shǒu sì fāng
安得猛士兮守四方！

译文

大风劲吹啊浮云飞扬，我统一了天下啊衣锦还乡，怎样才能得到勇士啊为国家镇守四方！

赏析

刘邦当上皇帝以后，在前195年，他出兵东征，平定淮南王黥布(也叫英布)的叛乱。回归途中，经过沛县，他邀集家乡旧友和父老兄弟，一起饮酒，在宴席上他唱起这首大风歌，抒发了他的政治抱负，也表达了他对国事忧虑的心情。

留 别 妻

〔汉〕 佚 名

jié fà wéi fū qī   ēn ài liǎng bù yí   huān yú zài jīn xī   yàn wǎn jí liáng shí
结发为夫妻，恩爱两不疑。欢娱在今夕，嬿婉及良时。

zhēng fū huái yuǎn lù   qǐ shì yè hé qí   shēn chén jiē yǐ mò   qù qù cóng cǐ cí
征夫怀远路，起视夜何其？参辰皆已没，去去从此辞。

xíng yì zài zhàn chǎng   xiāng jiàn wèi yǒu qī   wò shǒu yì cháng tàn   lèi wéi shēng bié zī
行役在战场，相见未有期。握手一长叹，泪为生别滋。

nǔ lì ài chūn huá   mò wàng huān lè shí   shēng dāng fù lái guī   sǐ dāng cháng xiāng sī
努力爱春华，莫忘欢乐时。生当复来归，死当长相思。

译文

　　和你结发成为夫妻，就从没怀疑与你恩爱到老。和你相爱缠绵陶醉在今夜幸福的时刻，多么美好的时光呀！

　　可是明天我就要为国远行，不得不起来看看天亮没亮是什么时候了。当星辰隐没在天边时，我就不得不与你辞别了。

　　因为要到战场上这一走不知道什么时候才能与你团聚。与你依依不舍长时间的握着手也是幸福的，相互不由自主地流泪是因为这可能是你我今生的最后一面。

　　我倍加珍惜现在幸福的每分每秒，我永远也不会忘了和你相爱，这么幸福欢乐的时光。如果我有幸能活着，一定会回到你身边。如果我不幸死了，也会永远想你。

赏析

　　这首诗在徐陵的《玉台新咏》中题作《留别妻》，旧传为苏武初出使时留别妻子之作。然而今读诗中"征夫怀往路""行役在战场"诸语，诗中的主人公应是一个即将应征出战的青年男子，作品所表现的也是汉代末期常见的征夫别妻的主题。诗的前四句写一对青年男女正沉浸在新婚的欢愉之中。末四句写新婚夫妇临别时的相互郑重叮咛。

蒿 里 行

〔东汉〕　曹　操

guān dōng yǒu yì shì　xīng bīng tǎo qún xiōng
关东有义士，兴兵讨群凶。

chū qī huì méng jīn　nǎi xīn zài xián yáng
初期会盟津，乃心在咸阳。

jūn hé lì bù qí　chóu chú ér yàn háng
军合力不齐，踌躇而雁行。

shì lì shǐ rén zhēng　sì hái zì xiāng qiāng
势利使人争，嗣还自相戕。

huái nán dì chēng hào　kè xǐ yú běi fāng
淮南弟称号，刻玺于北方。

kǎi jiǎ shēng jǐ shī　wàn xìng yǐ sǐ wáng
铠甲生虮虱，万姓以死亡。

bái gǔ lù yú yě　qiān lǐ wú jī míng
白骨露于野，千里无鸡鸣。

shēng mín bǎi yí yī　niàn zhī duàn rén cháng
生民百遗一，念之断人肠。

译文

关东的仗义之士都起兵讨伐那些凶残的人。

最初约会各路将领订盟，同心讨伐长安董卓。

讨伐董卓的各路军队汇合以后，因为各有自己的打算，心不齐，力不齐，各自观望，谁也不肯率先前进。

势利二字引起了诸路军的争夺，随后各路军队之间就自相残杀起来。

袁绍的堂弟袁术在淮南称帝号，袁绍谋立傀儡皇帝在北方刻了皇帝印玺。

由于战争连续不断，士兵长期脱不下战衣，铠甲上生满了虮虱，众多的百姓也因连年战乱而大批死亡。

尸骨暴露于野地里无人收埋，千里之间没有人烟，听不到鸡鸣。

一百个老百姓当中只不过剩下一个还活着，想到这里令人极度哀伤。

赏析

这首《蒿里行》可以说是《薤露行》的姐妹篇，清人方东树的《昭昧詹言》中说："此用乐府题，叙汉末时事。所以然者，以所咏丧亡之哀，足当哀歌也。《薤露》哀君，《蒿里》哀臣，亦有次第。"就说明了此诗与《薤露行》既有联系，又各有不同的侧重。《蒿里》也属乐府《相和歌·相和曲》，崔豹《古今注》中就说过："《薤露》送王公贵人，《蒿里》送士大夫庶人，使挽柩者歌之，世呼为挽歌。"因此，如果说《薤露行》主要是写汉朝王室的倾覆，那么，《蒿里行》则主要是写诸军阀之间的争权夺利，酿成丧乱的历史事实。

白 马 篇

〔三国〕　曹　植

bái mǎ shì jīn jī　lián piān xī běi chí　jiè wèn shuí jiā zǐ　yōu bīng yóu xiá ér
白马饰金羁，连翩西北驰。借问谁家子，幽并游侠儿。

shào xiǎo qù xiāng yì　yáng shēng shā mò chuí　sù xī bǐng liáng gōng　hú shǐ hé cēn cī
少小去乡邑，扬声沙漠垂。宿昔秉良弓，楛矢何参差。

kòng xián pò zuǒ dì　yòu fā cuī yuè zhī　yǎng shǒu jiē fēi náo　fǔ shēn sàn mǎ tí
控弦破左的，右发摧月支。仰手接飞猱，俯身散马蹄。

jiǎo jié guò hóu yuán　yǒng piāo ruò bào chī　biān chéng duō jǐng jí　lǔ jì shù qiān yí
狡捷过猴猿，勇剽若豹螭。边城多警急，虏骑数迁移。

yǔ xí cóng běi lái　lì mǎ dēng gāo dī　cháng qū dǎo xiōng nú　zuǒ gù líng xiān bēi
羽檄从北来，厉马登高堤。长驱蹈匈奴，左顾凌鲜卑。

qì shēnfēng rèn duān　xìngmìng ān kě huái　fù mǔ qiě bú gù　hé yán zǐ yǔ Iī
弃身锋刃端，性命安可怀？父母且不顾，何言子与妻！

míngbiānzhuàng shì jí　bù dé zhōng gù sī　juān qū fù guó nàn　shì sǐ hū rú guī
名编壮士籍，不得中顾私。捐躯赴国难，视死忽如归！

译文

驾驭着白马向西北驰去，马上佩戴着金色的马具。

有人问他是谁家的孩子，边塞的好男儿游侠骑士。

年纪轻轻就离别了家乡，到边塞显身手建立功勋。

楛木箭和强弓从不离身，下苦功练就了一身武艺。

拉开弓如满月左右射击，一箭箭中靶心不差毫厘。

飞骑射裂了箭靶"月支"，转身又射碎箭靶"马蹄"。

他灵巧敏捷赛过猿猴，又勇猛轻疾如同豹螭。

听说国家边境军情紧急，侵略者一次又一次进犯内地。

告急信从北方频频传来，游侠儿催战马跃上高堤。

随大军平匈奴直捣敌巢，再回师扫鲜卑驱逐敌骑。

上战场面对着刀山剑树，从不将安和危放在心里。

连父母也不能孝顺服侍，更不能顾念那儿女妻子。

名和姓既列上战士名册，早已经忘掉了个人私利。

为国家解危难奋勇献身，看死亡就好像回归故里。

赏析

这首诗描写和歌颂了边疆地区一位武艺高强又富有爱国精神的青年英雄(一说是指他的胞弟曹彰，另一说是指汉时骠骑将军霍去病)，借以抒发作者的报国之志。本诗中的英雄形象，既是诗人的自我写照，又凝聚和闪耀着时代的光辉，为曹植前期的重要代表作品。青春气息浓厚。

诗歌以曲折动人的情节，塑造了一个性格鲜明、生动感人的青年爱国英雄形象。开头两句以奇警飞动之笔，描绘出驰马奔赴西北战场的英雄身影，显示出军情紧急，扣动读者心弦；接着以"借问"领起，以铺陈的笔墨补叙英雄的来历，说明他是一个什么样的英雄形象；"边城"六句，遥接篇首，具体说明他"西北驰"的原因和他英勇赴敌的气概。末八句展示英雄捐躯为国、视死如归的崇高精神境界。

古从军行

〔唐〕 李 颀

白日登山望烽火，黄昏饮马傍交河。

行人刁斗风沙暗，公主琵琶幽怨多。

野云万里无城郭，雨雪纷纷连大漠。

胡雁哀鸣夜夜飞，胡儿眼泪双双落。

闻道玉门犹被遮，应将性命逐轻车。

年年战骨埋荒外，空见蒲桃入汉家。

译 文

白天登山观察报警的烽火台，黄昏时牵马饮水靠近交河边。
昏暗的风沙传来阵阵刁斗声，如同汉代公主琵琶充满幽怨。
旷野云雾茫茫万里不见城郭，雨雪纷纷笼罩着无边的沙漠。
哀鸣的胡雁夜夜从空中飞过，胡人士兵个个眼泪双双滴落。
听说玉门关已被挡住了归路，战士只有追随将军拼命奔波。
年年战死的尸骨埋葬于荒野，换来的只是西域葡萄送汉家。

赏 析

　　"从军行"是乐府古题。此诗借汉皇开边，讽玄宗用兵。实写当代之事，由于怕触犯忌讳，所以题目加上一个"古"字。它对当时帝王的好大喜功、穷兵黩武、视人民生命如草芥的行径加以讽刺，悲多于壮。全诗记叙从军之苦，充满非战思想。万千尸骨埋于荒野，仅换得葡萄归种中原，显然得不偿失。

春 望

〔唐〕 杜 甫

guó pò shān hé zài　chéng chūn cǎo mù shēn
国破山河在，城春草木深。

gǎn shí huā jiàn lèi　hèn bié niǎo jīng xīn
感时花溅泪，恨别鸟惊心。

fēng huǒ lián sān yuè　jiā shū dǐ wàn jīn
烽火连三月，家书抵万金。

bái tóu sāo gèng duǎn　hún yù bú shèng zān
白头搔更短，浑欲不胜簪。

译 文

长安沦陷，国家破碎，只有山河依旧；春天来了，人烟稀少的长安城里草木茂密。

感伤国事，不禁涕泪四溅，鸟鸣惊心，徒增离愁别恨。

连绵的战火已经延续了半年多，家书难得，一封抵得上万两黄金。

愁绪缠绕，搔头思考，白发越搔越短，简直要不能插簪了。

赏 析

这首诗全篇情景交融，感情深沉，而又含蓄凝练，言简意赅，充分体现了"沉郁顿挫"的艺术风格。且这首诗结构紧凑，围绕"望"字展开，前四句借景抒情，情景结合。诗人由登高远望到焦点式的透视，由远及近，感情由弱到强，就在这感情和景色的交叉转换中含蓄地传达出诗人的感叹忧愤。由开篇描绘国都萧索的景色，到眼观春花而泪流，耳闻鸟鸣而怨恨；再写战事持续很久，以致家里音信全无，最后写到自己的哀怨和衰老，环环相生、层层递进，创造了一个能够引发人们共鸣、深思的境界。表现了在典型的时代背景下所生成的典型感受，反映了同时代的人们热爱国家、期待和平的美好愿望，表达了大家一致的内在心声。也展示出诗人忧国忧民、感时伤怀的高尚情感。

新 婚 别

〔唐〕 杜 甫

兔丝附蓬麻，引蔓故不长。嫁女与征夫，不如弃路旁。

结发为君妻，席不暖君床。暮婚晨告别，无乃太匆忙。

君行虽不远，守边赴河阳。妾身未分明，何以拜姑嫜？

父母养我时，日夜令我藏。生女有所归，鸡狗亦得将。

君今往死地，沉痛迫中肠。誓欲随君去，形势反苍黄。

勿为新婚念，努力事戎行。妇人在军中，兵气恐不扬。

自嗟贫家女，久致罗襦裳。罗襦不复施，对君洗红妆。

仰视百鸟飞，大小必双翔。人事多错迕，与君永相望。

译文

菟丝把低矮的蓬草和大麻缠绕，它的蔓儿怎么能爬得远！把女儿嫁给就要从军的人哪，倒不如早先就将其丢在大路旁边！

我和你做了结发夫妻，连床席也没能睡暖；昨天晚上草草成亲，今天早晨便匆匆告别，这婚期岂不是太短，太短！

你到河阳去作战，那里离家虽然不远，可已经是边防前线；我们还没有举行拜祭祖先的大礼呀，叫人怎么好去把公婆拜见？

我做女儿的时光，不论黑夜还是白天，爹妈从不让我抛头露面；有道是"嫁鸡随鸡，嫁狗随狗"，如今我嫁到你家，爹妈盼的是平平安安！

你今天就要上战场，我只得把痛苦埋藏在心间；多想跟你一块儿去呀，只怕是形势紧急，军情多变。

你不用为新婚离别难过啊，要在战争中为国家多多出力；我不能随你去，妇女跟着军队，恐怕会影响士气。

唉！我本是穷人家的女儿，好不容易才置办了这套丝绸的嫁衣；可从现在起我就把它脱掉，再当面洗掉脂粉，一心一意等着你！

你看，天上的鸟儿都自由自在地飞翔，不论大的小的，全是成对成双；可人世间不如意的事儿本来就多啊，但愿你和我两地同心，永不相忘！

赏析

　　杜甫"三别"中的《新婚别》,精心塑造了一个深明大义的少妇形象。这首诗采用独白的形式,全篇先后用了七个"君"字,都是新娘对新郎倾吐的肺腑之言,读来真切感人。

　　全诗大致可分为三段,也可以说是三层,但是这三层并不是平列的,而是一层比一层深,一层比一层高,而且每一层当中又都有曲折。这是因为诗中人物的心情本来就是很复杂的。

离思五首·其四

〔唐〕 元 稹

céng jīng cāng hǎi nán wéi shuǐ　chú què wū shān bú shì yún
曾经沧海难为水,　除却巫山不是云。

qǔ cì huā cóng lǎn huí gù　bàn yuán xiū dào bàn yuán jūn
取次花丛懒回顾,　半缘修道半缘君。

译文

　　曾经到过沧海,别处的水就不足为顾;与巫山之云相比,别处的云便不称其为云。

　　仓促地由花丛中走过,懒得回头顾盼;这缘由,一半是因为修道人的清心寡欲,另一半是因为曾经拥有过你。

赏析

　　元稹这首绝句,不但取譬极高,抒情强烈,而且用笔极妙。前两句以极致的比喻写怀旧悼亡之情,"沧海""巫山"词意豪壮,有悲歌传响、江河奔腾之势。后面,"懒回顾""半缘君"顿使语势舒缓下来,转为曲婉深沉的抒情。张弛自如,变化有致,形成一种跌宕起伏的旋律。而就全诗情调而言,它言情而不庸俗,瑰丽而不浮艳,悲壮而不低沉,创造了唐人悼亡绝句中的绝胜境界。"曾经沧海"二句尤其为人称颂。

南园十三首·其五

〔唐〕 李 贺

nán ér hé bù dài wú gōu
男儿何不带吴钩，shōu qǔ guānshān wǔ shí zhōu收取关山五十州。

qǐng jūn zàn shàng líng yān gé
请君暂上凌烟阁，ruò gè shū shēng wàn hù hóu若个书生万户侯？

译文

男子汉大丈夫为什么不腰带宝剑，去收复关山五十州呢？

请你暂且登上那画有开国功臣的凌烟阁去看，又有哪一个书生曾被封为食邑万户的列侯？

赏析

这首诗由两个设问句组成，顿挫激越，而又直抒胸臆，把家国之痛和身世之悲都淋漓酣畅地表达出来了。第一个设问是泛问，也是自问，含有"国家兴亡，匹夫有责"的豪情。第二个设问从反面衬托投笔从戎的必要性，实际上是进一步抒发了怀才不遇的愤激情怀。由昂扬激越转入沉郁哀怨，既见反衬的笔法，又见起伏的节奏，于峻急中作回荡之姿。

破阵子·四十年来家国

〔南唐〕 李 煜

sì shí nián lái jiā guó
四十年来家国，sān qiān lǐ dì shān hé三千里地山河。fèng gé lóng lóu lián xiāo hàn凤阁龙楼连霄汉，yù shù qióng zhī zuò yān luó玉树琼枝作烟萝，jǐ céng shí gān gē几曾识干戈？

yī dàn guī wéi chén lǔ
一旦归为臣虏，shěn yāo pān bìn xiāo mó沈腰潘鬓消磨。zuì shì cāng huáng cí miào rì最是仓皇辞庙日，jiào fáng yóu zòu bié lí gē教坊犹奏别离歌，chuí lèi duì gōng é垂泪对宫娥。

译文

南唐开国已有四十多年，幅员辽阔。宫殿高大雄伟，可与天际相接，宫苑内珍贵的草木茂盛，就像罩在烟雾里的女萝。在这种奢侈的生活里，我哪里知道有战争这回事呢？

自从做了俘虏，我因为在忧虑伤痛的折磨中过日子而腰肢减瘦、鬓发斑白。最使我难忘的是慌张地辞别宗庙的时候，宫廷里教坊(音乐机关)的乐工们还奏起别离的歌曲，这种生离死别的情形，令我悲伤欲绝，只能面对宫女们垂泪。

赏 析

此词作于李煜降宋之后的几年，即作者生命的最后几年。金陵被宋军攻破后，李煜率领亲属、随员等四十五人，"肉袒出降"，告别了烙印着无数美好回忆的江南。这次永别，李煜以这一阕《破阵子》记录了当时的情景和感受。此词上片写繁华，下片写亡国，由建国写到亡国，极盛转而极衰，极喜而后极悲。中间用"几曾""一旦"两词贯穿转折，转得不露痕迹，却有千钧之力，悔恨之情溢于言表。作者以阶下囚的身份对亡国往事做痛定思痛之想，自然不胜感慨。此词回顾享国时的繁华逸乐：那四十年来的家国基业；三千里地的辽阔疆域，竟都沉浸在一片享乐安逸之中。"几曾识干戈"既是其不知珍惜的结果，同时也是沦为臣虏的原因。词中记叙离别故国时哭辞宗庙的情景，写得尤为沉痛惨淡。

江城子·乙卯正月二十日夜记梦

〔北宋〕 苏 轼

十年生死两茫茫，不思量，自难忘。千里孤坟，无处话凄凉。纵使相逢应不识，尘满面，鬓如霜。

夜来幽梦忽还乡，小轩窗，正梳妆。相顾无言，惟有泪千行。料得年年肠断处，明月夜，短松冈。

译 文

(我和妻子)一生一死，隔绝十年，相互思念却很茫然，无法相见。我不想让自己去思念，却难以忘怀。妻子的孤坟远在千里之外，我不知去哪里跟她诉说心中的凄凉悲伤。即使相逢，恐怕妻子也应该认不出我了，因为我四处奔波，灰尘满面，鬓发如霜。

晚上忽然在隐约的梦境中回到了家乡，只见妻子正在小窗前对镜梳妆。我和她互相望着，千言万语不知从何说起，只有相对无言泪落千行。年年都会想到那明月照耀着、长着小松树的坟山，令我肝肠寸断、无法自持。

赏 析

苏东坡十九岁时，与年方十六的王弗结婚。王弗年轻美貌，且侍亲甚孝，苏、王二人恩爱情深。可惜天命无常，王弗二十七岁就去世了。这对东坡是绝大的打击，其心中的沉痛，精神上的痛苦，是不言而喻的。苏轼在《亡妻王氏墓志铭》里说："治平二年（1065年）五月丁亥，赵郡苏轼之妻王氏（名弗），卒于京师。六月甲午，殡于京城之西。其明年六月壬午，葬于眉之东北彭山县安镇乡可龙里先君、先夫人墓之西北八步。"于平静语气下，寓绝大沉痛。熙宁八年（1075年），东坡来到密州，这一年正月二十日，他梦见爱妻王氏，便写下了这首"有声当彻天，有泪当彻泉"（陈师道语）且传诵千古的悼亡词。

桂枝香·金陵怀古

〔北宋〕　王安石

dēng lín sòng mù　zhèng gù guó wǎn qiū　tiān qì chū sù　qiān lǐ chéng jiāng sì liàn　cuì fēng rú cù　guī fān qù zhào cán yáng

登临送目，正故国晚秋，天气初肃。千里澄江似练，翠峰如簇。归帆去棹残阳

lǐ　bèi xī fēng　jiǔ qí xié chù　cǎi zhōu yún dàn　xīng hé lù qǐ　huà tú nán zú

里，背西风，酒旗斜矗。彩舟云淡，星河鹭起，画图难足。（归帆 一作：征帆）

niàn wǎng xī　fán huá jìng zhú　tàn mén wài lóu tóu　bēi hèn xiāng xù　qiān gǔ píng gāo duì cǐ　màn jiē róng rǔ　liù cháo jiù

念往昔，繁华竞逐，叹门外楼头，悲恨相续。千古凭高对此，谩嗟荣辱。六朝旧

shì suí liú shuǐ　dàn hán yān shuāi cǎo níng lù　zhì jīn shāng nǚ　shí shí yóu chàng　hòu tíng yí qǔ

事随流水，但寒烟衰草凝绿。至今商女，时时犹唱，后庭遗曲。

译 文

登上高楼凭栏极目，金陵正值晚秋，天空开始有了肃杀之气。千里奔流的长江澄澈得好像一条白练，青翠的山峰俊伟峭拔犹如一束束的箭镞。江上的小船张满了帆迅疾驶向夕阳里，岸旁迎着西风飘拂的是斜出直矗的酒旗。色彩缤纷的画船出没在稀淡的云烟里，江中洲上的白鹭时而停歇时而飞起，这清丽的景色就是用最美的图画也难把它画足。

回想往昔，在此立国的帝王们奢华淫逸的生活无休止地互相竞逐，我不禁感叹"门外韩擒虎,楼头张丽华"的亡国悲恨接连相续。千古以来凭栏遥望,映入眼帘的景色就是如此,可不要感慨历史上的得失荣辱。六朝的风云变化全都随着流水消逝,只有那郊外的寒冷烟雾和衰萎的野草还凝聚着一点苍绿。直到如今的商女,还不知亡国的悲恨,时时放声歌唱《后庭》遗曲。

赏 析

这是一首金陵怀古之词。上片写金陵之景,下片写怀古之情。本词以壮丽的山河为背景,历述古今盛衰之感,立意高远,笔力峭劲,体气刚健,豪气逼人。多处化用前人诗句,不着痕迹,显示了作者深厚的功底。

此词抒发怀古伤今之情,为作者别创一格、非同凡响的杰作,大约写于作者再次罢相、出知江宁府之时。词中流露出王安石失意无聊之时移情自然风光的情怀。

武陵春·春晚

〔宋〕 李清照

fēng zhù chén xiāng huā yǐ jìn　　rì wǎn juàn shū tóu　　wù shì rén fēi shì shì xiū　　yù yù lèi xiān liú
风住尘香花已尽, 日晚倦梳头。 物是人非事事休, 欲语泪先流。
wén shuō shuāng xī chūn shàng hǎo　　yě nǐ fàn qīng zhōu　　zhǐ kǒng shuāng xī zé měng zhōu　　zǎi bù dòng xǔ duō chóu
闻说双溪春尚好, 也拟泛轻舟。 只恐双溪舴艋舟, 载不动许多愁。

译 文

风停了,尘土里带有花的香气,花儿已凋落殆尽。日头已经升得老高,我却懒得梳妆。景物依旧,人事已变。我想要倾诉自己的感慨,还未开口,眼泪先流下来。

听说双溪春景尚好,我也打算泛舟前去。只恐怕双溪蚱蜢般的小船,载不动我许多的忧愁。

赏 析

这首《武陵春》是作者中年孀居时所作,非一般的闺情闺怨词所能比。这首词借暮春之景,写出了词人内心深处的苦闷和忧愁。全词一长三叹,语言优美,意境清幽,有言尽而意不尽之美。

这首词继承了传统的词的作法，采用了类似后来戏曲中的代言体，以第一人称的口吻，用深沉忧郁的旋律，塑造了一个孤苦凄凉、流荡无依的才女形象。

秋夜将晓出篱门迎凉有感（其二）

〔南宋〕 陆 游

sān wàn lǐ hé dōng rù hǎi
三万里河东入海，

wǔ qiān rèn yuè shàng mó tiān
五千仞岳上摩天。

yí mín lèi jìn hú chén lǐ
遗民泪尽胡尘里，

nán wàng wáng shī yòu yì nián
南望王师又一年。

译文

三万里长的黄河奔腾向东流入大海，五千仞高的华山耸入云霄逼近青天。

中原人民在胡人压迫下眼泪已流尽，他们盼望王师北伐盼了一年又一年。

赏析

这篇爱国主义诗歌作于宋光宗绍熙三年(1192年)的秋天，陆游当时在山阴(今浙江省绍兴市)。南宋时期，金兵占领了中原地区。诗人作此诗时，中原地区已沦陷于金人之手六十多年了。此时虽值初秋，暑威仍厉，使他不能安睡。将晓之际，他步出篱门，心头怅触，作成此诗。

破阵子·为陈同甫赋壮词以寄之

〔南宋〕 辛弃疾

zuì lǐ tiǎo dēng kàn jiàn
醉里挑灯看剑，

mèng huí chuī jiǎo lián yíng
梦回吹角连营。

bā bǎi lǐ fēn huī xià zhì
八百里分麾下炙，

wǔ shí xián fān sài wài shēng
五十弦翻塞外声，

shā chǎng qiū diǎn bīng
沙场秋点兵。

mǎ zuò dí lú fēi kuài
马作的卢飞快，

gōng rú pī lì xián jīng
弓如霹雳弦惊。

liǎo què jūn wáng tiān xià shì
了却君王天下事，

yíng dé shēng qián shēn hòu míng
赢得生前身后名。

kě lián bái fà shēng
可怜白发生！

译 文

酒醉时挑亮油灯观看宝剑,梦中回到了当年战场上的营垒,听到响亮的号角声。烤牛肉被分给战士们,乐队演奏着北疆歌曲。这是秋天在战场上阅兵。

战马像的卢马一样跑得飞快,弓箭像惊雷一样,震耳离弦。(我)一心想替君主完成收复国家失地的大业,取得世代相传的美名。可怜已成了白发人!

赏 析

此词以两个二、二、二的对句开头,通过具体、生动的描述,表现了多层情意。第一句,只六个字,却用三个连续的、富有特征性的动作,塑造了一个壮士的形象,让读者从那些动作中去体会人物的内心活动,去想象人物所处的环境,意味无穷。

扬 子 江

〔南宋〕 文天祥

jǐ rì suí fēng běi hǎi yóu　　huí cóng yáng zǐ dà jiāng tóu
几日随风北海游,回从扬子大江头。

chén xīn yí piàn cí zhēn shí　　bù zhǐ nán fāng bù kěn xiū
臣心一片磁针石,不指南方不肯休。

译 文

前几日伴着狂风去北海漂游,费尽千辛万苦回到扬子江头。

我的心就像那一根磁针,不永远指向南方誓不罢休。

赏 析

全诗语言浅近,比喻贴切,字里行间表现出坚定不移的爱国主义精神。

诗的首二句纪行,叙述他自镇江逃脱,绕道北行,在海上漂流数日后,又回到长江口的艰险经历。首句的"北海游",指绕道长江口以北的海域。次句"回从扬子大江头",指从长江口南归，引出三、四两句。

末二句抒情，以"磁针石"比喻忠于宋朝的一片丹心，表明自己一定要战胜重重困难，回到南方，再兴义师，重整山河的决心。"臣心一片磁针石，不指南方不肯休"，表现了他不辞千难万险，赶到南方去保卫南宋政权的决心。忠肝义胆，昭若日月。

立春日感怀

〔明〕　于　谦

年去年来白发新，　匆匆马上又逢春。

关河底事空留客？　岁月无情不贷人。

一寸丹心图报国，　两行清泪为思亲。

孤怀激烈难消遣，　漫把金盘簇五辛。

译文

一年年过去，白头发不断添新，戎马倥偬里，又一个春天来临。

为了什么事长久留我在边塞？岁月太无情，年纪从来不饶人。

念念不忘要一片忠心报祖国，可想起尊亲来便不禁泪眼迷离。

孤独的心绪强烈得难以排遣，姑且凑个五辛盘，聊应新春节景。

赏析

这首诗是作者在击退了瓦剌入侵后第二年的一个立春日在前线所写。遇此佳节，作者满怀思亲之念，但是为了国事，又不得不羁留在边地。诗中表达了作者这种矛盾痛苦的心情。

己亥杂诗·其二百二十

〔清〕 龚自珍

jiǔ zhōu shēng qì shì fēng léi wàn mǎ qí yīn jiū kě āi
九州生气恃风雷， **万马齐暗究可哀。**

wǒ quàn tiān gōng chóng dǒu sǒu bù jū yì gé jiàng rén cái
我劝天公重抖擞， **不拘一格降人才。**

译 文

只有狂雷炸响般的巨大力量才能使中国大地焕发勃勃生机，然而社会政局毫无生气终究是一种悲哀。

我奉劝上天要重新振作精神，不要拘泥一定的规格以降下更多的人才。

赏 析

这是一首出色的政治诗。全诗层次清晰，共分三个层次：第一层，写了万马齐暗、朝野噤声的死气沉沉的现实社会；第二层，作者指出了要改变这种沉闷、腐朽的现状，就必须依靠风雷激荡般的巨大力量，暗喻必须经历波澜壮阔的社会变革才能使中国变得生机勃勃；第三层，作者认为这样的力量来源于人才，而朝廷所应该做的就是破格任用人才，只有这样，中国才有希望。诗中选用"九州""风雷""万马""天公"这样具有壮伟特征的主观意象，寓意深刻，使全诗气势磅礴。

赴戍登程，口占示家人（其二）

〔清〕 林则徐

lì wēi rèn zhòng jiǔ shén pí zài jié shuāi yōng dìng bù zhī
力微任重久神疲， **再竭衰庸定不支。**

gǒu lì guó jiā shēng sǐ yǐ qǐ yīn huò fú bì qū zhī
苟利国家生死以， **岂因祸福避趋之。**

zhé jū zhèng shì jūn ēn hòu yǎng zhuō gāng yú shù zú yí
谪居正是君恩厚， **养拙刚于戍卒宜。**

xì yǔ shān qī tán gù shì shì yín duàn sòng lǎo tóu pí
戏与山妻谈故事， **试吟断送老头皮。**

译文

我能力低微而肩负重任，早已感到筋疲力尽。若再担当重任，以我衰老之躯，平庸之才，是定然不能支撑了。

如果对国家有利，我将不顾生死。难道能因为有祸就躲避、有福就上前迎受吗？

我被流放伊犁，正体现了君恩高厚。我还是退隐不仕，当一名戍卒更适宜。

我开着玩笑，同老妻谈起《东坡志林》所记宋真宗召对杨朴和苏东坡赴诏狱的故事，说你不妨吟诵一下"这回断送老头皮"那首诗来为我送行。

赏析

林则徐抗英有功，却遭投降派诬陷，被道光帝革职，发配伊犁，效力赎罪。他忍辱负重，于道光二十一年(1841年)7月14日被发配到新疆伊犁。诗人在古城西安与妻子离别赴伊犁时，在满腔愤怒中写下此诗。

想 北 平

老 舍

　　设若让我写一本小说，以北平作背景，我不至于害怕，因为我可以拣着我知道的写，而躲开我所不知道的。让我单摆浮搁地讲一套北平，我没办法。北平的地方那么大，事情那么多，我知道的真觉太少了，虽然我生在那里，一直到廿七岁才离开。以名胜说，我没到过陶然亭，这多可笑！以此类推，我所知道的那点只是"我的北平"，而我的北平大概等于牛的一毛。

　　可是，我真爱北平。这个爱几乎是要说而说不出的。我爱我的母亲。怎样爱？我说不出。在我想作一件事讨她老人家喜欢的时候，我独自微微地笑着；在我想到她的健康而不放心的时候，我欲落泪。言语是不够表现我的心情的，只有独自微笑或落泪才足以把内心揭露在外面一些来。我之爱北平也近乎这个。夸奖这个古城的某一点是容易的，可是那就把北平看得太小了。我所爱的北平不是枝枝节节的一些什么，而是整个儿与我的心灵相粘合的一段历史。一大块地方，多少风景名胜，从雨后什刹海的蜻蜓一直到我梦里的玉泉山的塔影，都积凑到一块，每一小的事件中有个我，我的每一思念中有个北平，这只有说不出而已。

　　真愿成为诗人，把一切好听好看的字都浸在自己的心血里，像杜鹃似的啼出北平的俊伟。啊！我不是诗人！我将永远道不出我的爱，一种像由音乐与图画所引起的爱。这不但是辜负了北平，也对不住我自己，因为我的最初的知识与印象都得自北平，它是在我的血里，我的性格与脾气里有许多地方是这古城所赐给的。我不能爱上海与天津，因为我心中有个北平。可是我说不出来！

　　伦敦、巴黎、罗马与堪司坦丁堡，曾被称为欧洲的四大"历史的都城"。我知道一些伦敦的情形；巴黎与罗马只是到过而已；堪司坦丁堡根本没有去过。就伦敦、巴黎、罗马来说，巴黎更近似北平——虽然"近似"两字都拉扯得很远——不过，假使让我"家住巴黎"，我一定会和没有家一样地感到寂苦。巴黎，据我看，还太热闹。自然，那里也有空旷静寂的地方，可是又未免太旷；不像北平那样既复杂而又有个边际，使我能摸着——那长着红酸枣的老城墙！面向着积水滩，背后是城墙，坐在石上看水中的小蝌蚪或苇叶上的嫩蜻蜓，我可以快乐地坐一天，心中完全安适，无所求也无可怕，像小儿安睡在摇篮里。

　　是的，北平也有热闹的地方，但是它和太极拳相似，动中有静。巴黎有许多地方使人疲乏，所以咖啡与酒是必要的，以便刺激；在北平，有温和的香片茶就够了。

　　论说巴黎的布置已比伦敦罗马匀调得多了，可是比上北平还差点事儿。北平在人为之中显出自然，几乎是什么地方既不挤得慌，又不太僻静；最小的胡同里的房子也有院子与树；最空旷的地方也离买卖街与住宅区不远。这种分配法可以算——在我的经验中——天下第一了。北平的好处不在处处设备得完全，而在它处处有空儿，可以使人自由地喘气；不在有好些美丽的建筑，而在建筑的四周都有空闲的地方，使它们成为美景。每一个城楼，每一个牌楼，都可以从老远就看见。况且在街上还可以看见北山与西山呢！

好学的，爱古物的人们自然喜欢北平，因为这里书多古物多。我不好学，也没钱买古物。对于物质上，我却喜爱北平的花多菜多果子多。花草是种费钱的玩艺，可是此地的"草花儿"很便宜，而且家家有院子，可以花不多的钱而种一院子花，即使算不了什么，可是到底可爱呀。墙上的牵牛，墙根的靠山竹与草茉莉，是多么省钱省事而也足以招来蝴蝶呀！至于青菜，白菜、扁豆、毛豆角、黄瓜、菠菜等，大多数是直接由城外担来而送到家门口的。雨后，韭菜叶上还往往带着雨时溅起的泥点，青菜摊子上的红红绿绿几乎有诗似的美丽。果子有不少是由西山与北山来的，西山的沙果，海棠，北山的黑枣、柿子，进了城还带着一层白霜儿呀！哼，美国的橘子包着纸，遇到北平的带着霜儿的玉李，还不愧杀！

是的，北平是个都城，而能有好多自己产生的花、菜、水果，这就使人更接近了自然。从它里面说，它没有伦敦的那些成天冒烟的工厂；从外面说，它紧连着园林、菜圃与农村。采菊东篱下，在这里，确是可以悠然见南山的；大概把"南"字变个"西"或"北"，也没有多少不得吧。像我这样的一个贫寒的人，或者只有在北平能享受一点清福了。

好，不再说了吧；要落泪了，真想念北平呀！

【作者简介】 舒庆春(1899—1966)，字舍予，笔名老舍，满族正红旗人，本名舒庆春，生于北京，中国现代小说家，杰出的语言大师，新中国第一位获得"人民艺术家"称号的作家。著有长篇小说《小坡的生日》《猫城记》《牛天赐传》《骆驼祥子》等，短篇小说《赶集》等。老舍的文学语言通俗简易，朴实无华，幽默诙谐，具有较强的北京韵味。

黄梅时节

吴组缃

去年在家里，也正是阴历五月的时候，我的哥哥由北平放暑假到了家，他说："北方的天气真好，下雨的时候非常少；即便下，也是干干脆脆地下一场。下过后，只在原有的畅爽的气氛上添了一点清新，那情味更好受。哪会像我们南方——你看这两天简直糟糕到什么样子！"

五月里是所谓黄梅时节。南方的黄梅天的确糟糕得可以。天，老是阴沉沉地布满厚重的破棉絮似的云，雨是天天下，但下得又不干脆：有时翻江倒海下一个整天整夜，有时竟连绵到三四天。你说如此痛快地下一场就可开朗了吧？谁知偏偏没这样近人情：云，还是不散；雨，还是要下。有时眼巴巴地望到露出青天，不到两三分钟便又飞起鹅毛雨来；有时一边在出太阳，一边又在飒飒淅淅地下着雨。空气又湿又闷，一呼一吸，鼻里喉头都似乎塞着棉花一样。遍处潮腻腻地，衣服摆上三两小时就会上霉，什么东西都放散着霉薰薰的气息。在这时，简直无事可做；即便做，也什么都做不成。头又昏又沉；浑身又酸又软；心里烦躁得只想打人——就是想抽支烟卷儿，也抽不出半缕烟来！

就在这种无法对付的时候，听哥哥说北方的天气那么美好，我们顿时都想插起翅膀飞到北平来。

今年的黄梅时节又到了，而我果然到了北平。北平虽然是到了，可是这儿的天气并不见得和我们去年所想象的附合，一个花一般的梦，眼见得打破了。

近两天一连很下了几次雨，天气虽不完全像南方的那么糟，可是的确不十分畅爽，也未见其清新。在清华，物质的设置比较算完善，尘土也不算多；因下了几次雨，可也是泥泞载道，一种潮腻的感觉，并不减于南方。

昨天晚上热得真够苦人。我们室内睡着三个人，窗户尽管开着，风尽管一丝儿也不吹进来。被窝是不必说，即便毯子也盖不住。露着身睡到天亮，不料半夜里转了冷，今日一醒来，喉头痒痒地，像有三两根毫毛儿在里面搔闪着。鼻子也不通了，泪涕交流，时时要打喷嚏；索性打得出也罢，偏偏张大了口，半个也打不出来。

着了凉，伤风咳嗽，在平常中国人看来原算不得一回事。可是在文化高尚的学府里便不然：大夫说是什么扁桃腺发炎，是一种病菌在那儿作祟。因此事情就严重了。别人和你在一起，自己便觉得不安，话也不敢多说，咳嗽也不敢自由，怕的是自己什么腺上的微菌飞到别人的什么腺上去发炎。要是那个人的医学常识高明一点，你走上去和他说一句话，他就按着口回避你，好像他真看见病菌由自己口里飞向他一样，那更难为情。因此，自己就成了什么党一样，时时犯嫌疑。在家里那里如此：尽管伤风咳嗽，尽管发什么炎，自己都很泰然，别人也不嫌恶。就是要和妻接个吻，她也决不因此拒绝你；喷嚏打多了时，她还会由钮扣上摘下蘸着香水的手帕为你拭鼻子。这样一比，我想回南方。

其次要说到的是苍蝇，蚊子和什么白蛉子。三院里门窗户扇原都重重地安置了纱框，可是白蛉子太小了，大可自由打纱眼里摆进摆出；至于苍蝇蚊子，则因人进人出，门开门关，依然可以瞅空儿溜进来。

苍蝇这东西简直是王八蛋一个！它并不只是传播一点病菌而已，而且还要和你开玩笑。你正襟危坐地在读书，它就在你的腮上，额上百般舐唼；兴之所至，就大模大样抹脸，刷须，泰然自若；有时它竟敢公然约着它的情妇在你脸上大敦其伦——此可忍孰不可忍！蚊子的可恶处已有人说过，就是它不只来唼你的血，而且还哼哼地大发其正人君子之道，你简直奈何它不得。至于白蛉子那可真阴毒之极。它老"更不打话"地在你身上痛咬一口，放进毒液，使你又痛又痒，无可忍禁。在家里，是没有白蛉子的；苍蝇蚊子虽然是有，然而有法子对付：对苍蝇则可拿一把蝇拍打它个尸骨遍野，大快人心，因为有的是时间；对蚊子则有蚊帐防拦，有妻的鹅毛扇驱赶。因此一比，我想回南方。

昨天妻来信，说南方的黄梅天也到了，"你在北平那种畅爽清新的天气里一定很快乐，我明年也到北平去。"呵，她的美梦还依旧留着在，我祝福她。

一九三〇年初夏

【作者简介】 吴组缃(1908—1994)，二十世纪著名作家，原名吴祖襄，字仲华，安徽泾县人。1921年起先后在宣城安徽省立八中、芜湖省立五中和上海求学。在芜湖五中念书时曾编辑学生会创办的文艺周刊《赭山》，并开始在《皖江日报》副刊发表诗文，代表作品《一千八百担》。

北戴河海滨的幻想

徐志摩

他们都到海边去了。我为左眼发炎不曾去。我独坐在前廊，偎坐在一张安适的大椅内，袒着胸怀，赤着脚，一头的散发，不时有风来撩拂。清晨的晴爽，不曾消醒我初起时睡态，但梦思却半被晓风吹断。我阖紧眼帘内视，只见一斑斑消残的颜色，一似晚霞的余赭，留恋地胶附在天边。廊前的马樱、紫荆、藤萝、青翠的叶与鲜红的花，都将他们的妙影映印在水汀上，幻出幽媚的情态无数；我的臂上与胸前，亦满缀了绿荫的斜纹。从树荫的间隙平望，正见海湾：海波亦似被晨曦唤醒，黄蓝相间的波光，在欣然地舞蹈。滩边不时见白涛涌起，迸射着雪样的水花。浴线内点点的小舟与浴客，水禽似的浮着；幼童的欢叫，与水波拍岸声，与潜涛鸣咽声，相间地起伏，竞报一滩的生趣与乐意。但我独坐的廊前，却只是静静地，静静地无甚声响。妩媚的马樱，只是幽幽地微辗着，蝇虫也敛翅不飞。只有远近树里的秋蝉，在纺妙似地垂引他们不尽的长吟。

在这不尽的长吟中，我独坐在冥想。难得是寂寞的环境，难得是静定的意境；寂寞中有不可言传的和谐，静默中有无限的创造。我的心灵，比如海滨，生平初度的怒潮，已经渐次地消翳，只剩有疏松的海砂中偶尔的回响，更有残缺的贝壳，反映星月的辉芒。此时摸索潮余的斑痕，追想当时汹涌的情景，是梦或是真，再亦不须辨问，只此眉梢的轻皱，唇边的微哂，已足解释无穷奥绪，深深地蕴伏在灵魂的微纤之中。

青年永远趋向反叛，爱好冒险；永远如初度航海者，幻想黄金机缘于浩渺的烟波之外：想割断系岸的缆绳，扯起风帆，欣欣地投入无垠的怀抱。他厌恶的是平安，自喜的是放纵与豪迈。无颜色的生涯,是他目中的荆棘;绝海与凶献,是他爱取自由的途径。他爱折玫瑰;为她的色香,亦为她冷酷的刺毒。他爱搏狂澜:为他的庄严与伟大,亦为他吞噬一切的天才,最是激发他探险与好奇的动机。他崇拜冲动:不可测,不可节,不可预逆,起、动、消歇皆在无形中,狂飚似的倏忽与猛烈与神秘。他崇拜斗争:从斗争中求剧烈的生命之意义,从斗争中求绝对的实在,在血染的战阵中,呼叫胜利之狂欢或歌败丧的哀曲。

幻象消灭是人生里命定的悲剧;青年的幻灭,更是悲剧中的悲剧,夜一般的沉黑,死一般的凶恶。纯粹的、猖狂的热情之火,不同阿拉伯的神灯,只能放射一时的异彩,不能永久地朗照;转瞬间,或许,便已敛熄了最后的焰舌,只留存有限的余烬与残灰,在未灭的余温里自伤与自慰。

流水之光,星之光,露珠之光,电之光,在青年的妙目中闪耀,我们不能不惊讶造化者艺术之神奇,然可怖的黑影,倦与衰与饱餍的黑影,同时亦紧紧的跟着时日进行,仿佛是烦恼、痛苦、失败,或庸俗的尾曳,亦在转瞬间,彗星似的扫灭了我们最自傲的神辉——流水涸,明星没,露珠散灭,电闪不再!

在这艳丽的日辉中,只见愉悦与欢舞与生趣,希望,闪烁的希望,在荡漾,在无穷的碧空中,在绿叶的光泽里,在虫鸟的歌吟中,在青草的摇曳中——夏之荣华,春之成功。春光与希望,是长驻的;自然与人生,是调谐的。

在远处有福的山谷内,莲馨花在坡前微笑,稚羊在乱石间跳跃,牧童们,有的吹着芦笛,有的平卧在草地上,仰看交幻的浮游的白云,放射下的青影在初黄的稻田中缥缈地移过。在远处安乐的村中,有妙龄的村姑,在流涧边照映她自制的春裙;口衔烟斗的农夫三四,在预度秋收的丰盈,老妇人们坐在家门外阳光中取暖,她们的周围有不少的儿童,手擎着黄白的钱花在环舞与欢呼。

在远——远处的人间,有无限的平安与快乐,无限的春光……

在此暂时可以忘却无数的落蕊与残红;亦可以忘却花荫中掉下的枯叶,私语地预告三秋的情意;亦可以忘却苦恼的僵瘿的人间,阳光与雨露的殷勤,不能再恢复他们腮颊上生命的微笑,亦可以忘却纷争的互杀的人间,阳光与雨露的仁慈,不能感化他们凶恶的兽性;亦可以忘却庸俗的卑琐的人间,行云与朝露的丰姿,不能引逗他们刹那间的凝视;亦可以忘却自觉的失望的人间,绚烂的春时与媚草,只能反激他们悲伤的意绪。

我亦可以暂时忘却我自身的种种;忘却我童年期清风白水似的天真;忘却我少年期种种虚荣的希冀;忘却我渐次的生命的觉悟;忘却我热烈的理想的寻求;忘却我心灵中乐观与悲观的斗争;忘却我攀登文艺高峰的艰辛;忘却刹那的启示与彻悟之神奇;忘却我生命潮流之骤转;忘却我陷落在危险的旋涡中之幸与不幸;忘却我追忆不完全的梦境;忘却我大海底里埋首的秘密;忘却曾经刳割我灵魂的利刃,炮烙我灵魂的烈焰,摧毁我灵魂的狂飚与暴雨;忘却我的深刻的怨与艾;忘却我的冀与愿;忘却我的恩泽与惠感;忘却我的过去与现在……

过去的实在，渐渐地膨胀，渐渐地模糊，渐渐地不可辨认；现在的实在，渐渐地收缩，逼成了意识的一线，细极狭极的一线，又裂成了无数不相联续的黑点……黑点亦渐次的隐翳？幻术似的灭了，灭了，一个可怕的黑暗的空虚……

【作者简介】 徐志摩(1897—1931)，现代诗人、散文家。原名章垿，字槱森，留学英国时改名志摩。曾经用过的笔名：南湖、诗哲、海谷、谷、大兵、云中鹤、仙鹤、删我、心手、黄狗、谔谔等。徐志摩是新月派代表诗人，新月诗社成员。

离别（节选）

郑振铎

别了，我爱的中国，我全心爱着的中国，当我倚在高高的船栏上，见着船渐渐地离岸了，船与岸间的水面渐渐地阔了，见着了许多亲友挥着白巾，挥着帽子，挥着手，说着Adieu(Adieu：编者注，再见的意思)！听着鞭炮劈劈啪啪地响着，水兵们高呼着向岸上的同伴告别时，我的眼眶是润湿了，我自知我的泪点已经滴在眼镜面了，镜面是模糊了，我有一种说不出的感动！

船慢慢地向前驶着，沿途见了停着的好几只灰色的白色的军舰。不，那不是悬着我们国旗的，它们的旗帜是"红日"，是"蓝白红"，是"红蓝条交叉着"的联合旗，是有"星点红条"的旗！

两岸是黄土和青草，再过去是两条的青痕，再过去是地平线上的几座小岛山，海水满盈盈地照在夕阳之下，浪涛如顽皮的小童似的踊跃不定。水面上现出一片的金光。

别了，我爱的中国，我全心爱着的中国！

我不忍离了中国而去，更不忍在这大时代中放弃每人应做的工作而去，抛弃了许多亲爱的勇士在后面，他们是正用他们的血建造着新的中国，正在以纯挚的热诚，争斗着，奋击着。我这样不负责任地离开了中国，我真是一个罪人！

……

【作者简介】 郑振铎(1898—1958)，现代作家，新文化运动的倡导者，文学研究会的创始人之一。

乡 土 情 结

柯 灵

　　每个人的心里，都有一方魂牵梦萦的土地。得意时想到它，失意时想到它。逢年逢节，触景生情，随时随地想到它。海天茫茫，风尘碌碌，酒阑灯灺人散后，良辰美景奈何天，洛阳秋风，巴山夜雨，都会情不自禁地惦念它。离得远了久了，使人愁肠百结："客舍并州已十霜，归心日夜忆咸阳，无端又渡桑乾水，却望并州是故乡。"好不容易能回家了，偏又忐忑不安："岭外音书断，经冬复历春。近乡情更怯，不敢问来人"。异乡人这三个字，听起来音色苍凉；"他乡遇故知"，则是人生一快。一个怯生生的船家女，偶尔在江上听到乡音，就不觉喜上眉梢，顾不得娇羞，和隔船的陌生男子搭讪："君家居何处？妾住在横塘。停船暂借问，或恐是同乡。"辽阔的空间，悠邈的时间，都不会使这种感情褪色：这就是乡土情结。

　　人生旅途崎岖修远，起点站是童年。人第一眼看见的世界——几乎是世界的全部，就是生我育我的乡土。他开始感觉饥饱寒暖，发为悲啼笑乐。他从母亲的怀抱、父亲的眼神、亲族的逗弄中开始体会爱。但懂得爱的另一面——憎和恨，却须在稍稍接触人事以后。乡土的一山一水，一虫一鸟，一草一木，一星一月，一寒一暑，一时一俗，一丝一缕，一饮一啜，都溶化为童年生活的血肉，不可分割。而且可能祖祖辈辈都植根在这片土地上，有一部悲欢离合的家史。在听祖母讲故事的同时，就种在小小的心坎里。邻里乡亲，早晚在街头巷尾、桥上井边、田塍篱角相见，音容笑貌，闭眼塞耳也彼此了然，横竖呼吸着同一的空气，濡染着同一的风习，千丝万缕沾着边。一个人为自己的一生定音定调定向定位，要经过千磨百折的摸索，前途充满未知数，但童年的烙印，却像春蚕作茧，紧紧地包着自己，又像文身的花纹，一辈子附在身上。

　　……

　　【作者简介】　柯灵(1909—2000)，现代作家。他的作品《乡土情结》是一篇歌颂故乡、歌颂祖国的散文。作者站在历史和时代的高度，讴歌了自己魂牵梦萦的故乡和祖国。深沉的爱，满溢在字里行间。

从母亲到外遇

余光中

"大陆是母亲，台湾是妻子，香港是情人，欧洲是外遇。"我对朋友这么说过。

大陆是母亲，不用多说。烧我成灰，我的汉魂唐魄仍然萦绕着那一片后土。那无穷无尽的故国，四海漂泊的龙族叫她做大陆，壮士登高叫她做九州，英雄落难叫她做江湖。不但是那片后土，还有那上面正走着的、那下面早歇下的，所有龙族。还有几千年下来还没有演完的历史，和用了几千年似乎要不够用了的文化。我离开她时才二十一岁呢，再还乡时已六十四了："掉头一去是风吹黑发，回首再来已雪满白头。"长江断奶之痛，历四十三年。洪水成灾，却没有一滴溅到我唇上。这许多年来，我所以在诗中狂呼着、低吟着中国，无非是一念耿耿为自己喊魂。不然我真会魂飞魄散，被西潮淘空。

当你的女友已改名玛丽，你怎能送她一首《菩萨蛮》？

乡情落实于地理与人民，而弥漫于历史与文化，其中有实有虚，有形有神，必须兼容，才能立体。乡情是先天的，自然而然，不像民族主义会起政治的作用。把乡情等同于民族主义，更在地理、人民、历史、文化之外加上了政府，是一种"四舍五入"的含混观念。朝代来来去去，强加于人的政治不能持久。所以政治使人分裂而文化使人相亲：我们只听说有文化，却没听说过武化。要动用武力解放这个、统一那个，都不算文化。汤玛斯·曼逃纳粹，在异国对记者说："凡我在处，即为德国。"他说的德国当然是指德国的文化，而非纳粹政权。同样地，毕卡索因为反对佛朗哥而拒返西班牙，也不是什么"背叛祖国"。

台湾是妻子，因为我在这岛上从男友变成丈夫再变成父亲，从青涩的讲师变成沧桑的老教授，从投稿的"新秀"变成写序的"前辈"，已经度过了大半个人生。几乎是半世纪前，我从厦门经香港来到台湾，下跳棋一般连跳了三岛，就以台北为家定居了下来。其间虽然也去了美国五年，香港十年，但此生住得最久的城市仍是台北，而次久的正是高雄。我的《双城记》不在巴黎、伦敦，而在台北、高雄。

我以台北为家，在城南的厦门街一条小巷子里，"像虫归草间，鱼潜水底"，蛰居了二十多年，喜获了不仅四个女儿，还有廿三本书。及至晚年海外归来，在这高雄港上、西子湾头一住又是悠悠十三载。厦门街一一三巷是一条幽深而隐秘的窄巷，在其中度过有如壶底的岁月。西子湾恰恰相反，虽与高雄的市声隔了一整座寿山，却海阔天空，坦然朝西开放。高雄在货柜的吞吐量上号称全世界第三大港，我窗下的浩淼接得通七海的风涛。诗人晚年，有这么一道海峡可供题书，竟比老杜的江峡还要阔了。

不幸失去了母亲，何幸又遇见了妻子。这情形也不完全是隐喻。在实际生活上，我的慈母生我育我，牵引我三十年才撒手，之后便由我的贤妻来接手了。没有这两位坚强的女性，怎会有今日的我？在隐喻的层次上，大陆与海岛更是如此。所以在感恩的心情下我写过《断奶》一诗，而以这么三句结束：

断奶的母亲依旧是母亲

断奶的孩子，我庆幸

断了娘祖，还有妈祖

海峡虽然壮丽，却像一柄无情的蓝刀，把我的生命剖成两半，无论我写了多少怀乡的诗，也难将伤口缝合。母亲与妻子不断争辩，夹在中间的亦子亦夫最感到伤心。我究竟要做人子呢还是人夫，真难两全。无论在大陆、香港、南洋或国际，久矣我已被称为"台湾作家"。我当然是台湾作家，也是广义的台湾人，台湾的祸福荣辱当然都有份。但是我同时也是，而且一早就是，中国人了：华夏的河山、人民、文化、历史都是我与生俱来的"家当"，怎么当都当不掉的，而中国的祸福荣辱也是我鲜明的"胎记"，怎么消也不能消除。然而今日的台湾，在不少场合，谁要做中国人，简直就负有"原罪"。明明全都是马，却要说白马非马。这矛盾说来话长，我只有一个天真的希望："莫为五十年的政治，抛弃五千年的文化。"

香港是情人，因为我和她曾有十二年的缘分，最后虽然分了手，却不是为了争端。初见她时，我才二十一岁，北顾茫茫，是大陆出来的流亡学生，一年后便东渡台湾。再见她时，我早已中年，成了中文大学的教授，而她，风华绝代，正当惊艳的盛时。我为她写了不少诗和更多的美文，害得台湾的朋友艳羡之余纷纷西游，要去当场求证。所以那十一年也是我"后期"创作的盛岁，加上当时学府的同道多为文苑的知己，弟子之中也新秀辈出，蔚然乃成沙田文风。

香港久为国际气派的通都大邑，不但东西对比、左右共存，而且南北交通，城乡兼胜，不愧是一位混血美人。观光客多半目眩于她的闹市繁华，而无视于她的海山美景。九龙与香港隔水相望，两岸的灯火争妍，已经璀璨耀眼，再加上波光倒映，盛况更翻一倍。至于地势，伸之则为半岛，缩之则为港湾，聚之则为峰峦，撒之则为洲屿，加上舟楫来去，变化之多，乃使海景奇幻无穷，我看了十年，仍然馋目未餍。

我一直庆幸能在香港无限好的岁月去沙田任教，庆幸那琅嬛福地坐拥海山之美，安静的校园，自由的学风，让我能在嚣乱之外，登上大陆后门口这一座幸免的象牙塔，定定心心写了好几本书。于是我这"台湾作家"竟然留下了"香港时期"。

不过这情人当初也并非一见钟情，甚至有点刁妮子作风。例如她的粤腔九音诘屈，已经难解，有时还爱写简体字来考我，而冒犯了她，更会在左报上对我冷嘲热讽，所以开头的几年颇吃了她一点苦头。后来认识渐深，发现了她的真性情，终于转而相悦。不但粤语可解，简体字能读，连自己的美式英语也改了口，换成了矜持的不列颠腔。同时我对英语世界的兴趣也从美国移向英国，香港更成为我去欧洲的跳板，不但因为港人欧游成风，远比台湾人为早，也因为签证在香港更迅捷方便。等到八〇年代初期大陆逐渐开放，内地作家出国交流，也多以香港为首站，因而我会见了朱光潜、巴金、辛笛、柯灵，也开始与流沙河、李元洛通信。

不少人瞧不起香港，认定她只是一块殖民地，又诋之为文化沙漠。一九四〇年三月五日，蔡元培逝于香港，五天后举殡，全港下半旗志哀。对一位文化领袖如此致敬，不记得其他华人城市曾有先例，至少胡适当年去世，台北不曾如此。如此的香港竟能称为文化沙漠吗？

欧洲开始成为外遇，则在我将老未老、已晡未暮的善感之年。我初践欧土，是从纽约起飞，而由伦敦入境，绕了一个大圈，已经四十八岁了。等到真的步上巴黎的卵石街头，更已是五十之年，不但心情有点"迟暮"，季节也值春晚，偏偏又是独游。临老而游花都，总不免感觉是辜负了自己，想起李清照所说："春归秣陵树，人老建康城。"

一个人略谙法国艺术有多风流倜傥，眼底的巴黎总比一般观光嬉客所见要丰盈。"以前只是在印象派的画里见过巴黎，幻而似真；等到亲眼见了法国，却疑身在印象派的画里，真而似幻。"我在《巴黎看画记》一文，就以这一句开端。

巴黎不但是花都、艺都，更是欧洲之都。整个欧洲当然早已"迟暮"了，却依然十分"美人"，也许正因迟暮，美艳更教人怜。而且同属迟暮，也因文化不同而有风格差异。例如伦敦吧，成熟之中仍不失端庄，至于巴黎，则不仅风韵犹存，更透出几分撩人的明艳。

大致说来，北欧的城市比较秀雅，南欧的则比较艳丽；新教的国家清醒中有节制，旧教的国家慵懒中有激情。所以斯德哥尔摩虽有"北方威尼斯"之美名，但是冬长夏短，寒光斜照，兼以楼塔之类的建筑多以红而带褐的方砖砌成，隔了茫茫烟水，只见灰蒙蒙阴沉沉的一大片，低压在波上。那波涛，也是蓝少黑多，说不上什么浮光耀金之美。南欧的明媚风情在那样的黑涛上是难以想象的：格拉纳达的中世纪"红堡"(alhambra)，那种细柱精雕、引泉入室的回教宫殿，即使再三擦拭阿拉丁的神灯，也不会赫现在波罗的海岸。

不过话说回来，无论是沉醉醉人，或是清醒醒人，欧洲的传统建筑之美总会令人仰瞻低回，神游中古。且不论西欧南欧了，即使东欧的小国，不管目前如何弱小"落后"，其传统建筑如城堡、宫殿与教堂之类，比起现代的暴发都市来，仍然一派大家风范，耐看得多。历经两次世界大战，遭受纳粹的浩劫，岁月的沧桑仍无法摧尽这些迟暮的美人，一任维也纳与布达佩斯在多瑙河边临流照镜，或是战神刀下留情，让布拉格的桥影卧魔涛而横陈。爱伦坡说得好：

你女神的风姿已招我回乡

回到希腊不再的光荣

和罗马已逝的盛况

一切美景若具历史的回响、文化的意义，就不仅令人兴奋，更使人低徊。何况欧洲文化不仅悠久，而且多元，"外遇"的滋味远非美国的单调、浅薄可比。美国再富，总不好意思在波多马克河边盖一座罗浮宫吧？怪不得王尔德要说："善心的美国人死后，都去了巴黎。"

【作者简介】 余光中(1928—2017)，男，1928 年出生于南京，余光中一生从事诗歌、散文、评论、翻译领域的著述,并将上述四个领域称为自己写作的"四度空间"。驰骋文坛大半个世纪,涉猎广泛,被誉为"艺术上的多妻主义者"。其文学生涯悠远、辽阔、深沉,为当代诗坛健将、散文重镇、著名批评家、优秀翻译家。一生出版诗集21种,散文集11种,评论集5种,翻译集13种,共50种。代表作有《白玉苦瓜》(诗集)、《记忆像铁轨一样长》(散文集)及《分水岭上:余光中评论文集》(评论集)等。

静静的想念

莫 言

好久没有写了,这人,闲着闲着就懒了,什么也不想做了,大脑可能要生锈了吧,或许,真的是这样子了。

清明节又到了,没能回家,好几年了,想回家去看看你们的,可每次都没能回去。待在宿舍,静静就这样,静静地想你们。我们这,这几天下雨了,不知你们那怎样,你们可好?

您离开我们已经好多年了,家人都很想你们,回家过年,大家聚在一起,吃吃喝喝,谈天说地,但总觉得少了点什么。家里的条件比起以前是好得多了,可是你们却已经不在了。出生在艰苦的岁月,受尽旧社会的折磨,好不容易社会好了么,你们又都不在了。

奶奶在的时候吧,我们总嫌您唠叨,一天大事小事都要说,那时的我们很不能理解您怎么会有那么多的话要说,等到我们兄妹长大,能够理解其中包含的意思的时候,您却已经不在了。再也听不过不到您唠叨的声音了。

爷爷奶奶要是在的话该多好,家里多了好几口人,要是你们还在,都可以和重孙们一起玩了。无论在哪里,看到老人,我都会想起你们来,太多的回忆,太多的思念。

还记得小学的时候,每天放学回家,奶奶都已经给我们煮好了可口的饭菜,别家的小孩都在找爸妈拿钥匙的时候,我们已经吃饱了。初中的时候,一星期回家一次,每次,我和哥哥回家,奶奶都特别的高兴,拉着我们问这问那的,生怕我们饿着,晚上睡觉冷着,姑妈她们给她买的好吃的,她都留给我们回来吃,要去学校的时候,吃的用的都往我们包里塞,那时候,真的很幸福。

放假回家,奶奶还给我们兄妹讲她那几年的奋斗史,怎样度过那些艰苦的岁月,土匪怎么来抢人,抢东西的,怎么集体劳动的,村里的小孩被老虎叼去,修护城河的艰苦……奶奶的经历,就是一本很厚的书,所有的苦难,所有的辛酸,用血和汗写成的一本书。

生在那样的年代,熬过那么些艰苦的岁月,一步步走向新社会,却已经疾病缠身,没福享受好的生活。

我们一天天长大，一天天懂事，等要好好孝顺她们的时候，老人一个个相继离开。那是一种怎样的痛苦。家里有个七八十岁老人多好，日子苦些也罢，只要和家人在一起，那就是最大的幸福。

在你们门前栽了好多的树，可惜气候干燥，雨下得太少，长得不是很好，活着的那几棵，也应该可以乘凉了吧，有时间，我一定会来看你们，希望你们在另一个世界过得很好。

静静地想念你们，想念和奶奶在一起的时光，想念奶奶讲的故事，想念奶奶的唠叨，想念爷爷在我脑海中慈祥的模糊的样子，还有爷爷那顶很老式的帽子，想念外公外婆。

在另外一个世界，你们一定又在一起了吧。

想念你们，静静的想念。

【作者简介】 莫言，本名管谟业，1955年2月17日出生于山东高密，中国当代著名作家。20世纪80年代中期以乡土作品崛起，充满着"怀乡"以及"怨乡"的复杂情感，被归类为"寻根文学"作家。2000年，莫言的《红高粱》入选《亚洲周刊》评选的"20世纪中文小说100强"。2005年，莫言的《檀香刑》全票入围茅盾文学奖初选。2011年，莫言凭借作品《蛙》获得茅盾文学奖。2012年莫言获得诺贝尔文学奖。

失败不过是成功的垫脚石

俞敏洪

青春总是你做的傻事，就像我上学的时候总被人欺负，但是总是觉得这是不可避免的事。我在大学的时候总是帮一个女士扛包，上火车给她扛包，下火车给她扛包！后来发现这个女生在校园里可跟个其他男生在散步。我问她这个男生是谁，女生说是我的男朋友。我就很生气地说，你既然有男朋友，怎么上火车、下火车还要我给你扛包呢？她说，我是为了让我的男朋友休息一下。

但是我到今天依然没有后悔，因为我觉得这就是青春。如果我计算好了，我能从这个女生身上得到什么，再去做自己该做的事情，我们就变成了一个计算型的人物，而计算型的人物只跟老奸巨猾的人相关。

青春其实跟三个"想"有关，叫梦想、理想和思想。当我们能坚持自己的理想，追逐自己的梦想，并且探索自己的独立的思想的时候，我们的青春就已经开始了。

当我们坚持自己理想的时候，你会坚决不放弃。这一点，我在小时候就学会了，所以我在16岁高考的时候，第一年高考失败，第二年高考失败，坚持考了第三年。我的理想并不是北京大学，但是我最后走进了北京大学，因为我坚持了自己必须上大学的理想，知道在农村没有广阔天地，也不可能大有作为。

但是，在人世的沧桑中间，我们很容易去放弃自己的梦想，梦想常常跟我们的青春有关，但是不要忘了，当你随着随着岁月的流失，放弃梦想的时候，也意味着你的生命的结束。

青春最大的标志其实是坚决不承认失败，历经挫折，死心不改。什么样的心是永远拥有一颗美丽的心？就是一颗拥有希望的心，从绝望中寻找希望的心。你要永远拥有颗勇敢的心，面对任何的挫折失败和打击，都能够站起来，向天空大喊一声，在你身边的世界依然是美丽的。

你依然有着快乐之心，在无比的绝望以后，你依然相信这个世界大多数人都是好的，这个世界永远会给你机会。被踩到泥土底下，你依然能像种子一样，长成一棵大树。

面对失败的考验是每个人都会经历的，每个企业家都至少失败三到五次。如果让我计算，我一生中失败的东西比成功的东西多太多了。我的成功只有一个，就是创办的一个小小的新东方，而我的失败有无数个：高考两次失败；大学没有谈过一场恋爱；得了肺结核在医院住了一年；做新东方的时候，为了拿到一个执照，跟人喝酒，到医院抢救六个小时。每一个都是失败，但是所有这些失败，都是我走上最后一个成功的垫脚石。

同时，我们要相信青春跟年龄没有任何关系。有的人在16岁至20岁的时候，青春已经死亡。他被生命已经没有任何期待，也不再去具备奋斗精神。有的人到了八十岁以后依然具备青春洋溢的色彩，在思考未来的生命到底应该怎么过。

所以青春给了我们个八字——拥有热情，相信未来。

郭路生曾写过一首诗，叫《相信未来》，其中有两句是："朋友请坚定地相信未来吧！相信不屈不挠的努力，相信战胜死亡的年轻，相信未来，热爱生命。"

【作者简介】 俞敏洪，新东方教育集团创始人，英语教学与管理专家。担任新东方教育集团董事长、洪泰基金联合创始人、中国青年企业家协会副会长、中华全国青年联合会委员等职。1980年考入北京大学西语系，本科毕业后留校任教，1991年从北大辞职，1993年创办北京新东方学校，2006年带领新东方在美国纽约证交所上市，2009年获得CCTV年度经济人物，2012年获得中国最具影响力的50位商界领袖。

生活理趣

曹刿论战

〔春秋〕 《左传》

原文

十年春，齐师伐我。公将战。曹刿请见。其乡人曰："肉食者谋之，又何间焉？"刿曰："肉食者鄙，未能远谋。"乃入见。问："何以战？"公曰："衣食所安，弗敢专也，必以分人。"对曰："小惠未徧，民弗从也。"公曰："牺牲玉帛，弗敢加也，必以信。"对曰："小信未孚，神弗福也。"公曰："小大之狱，虽不能察，必以情。"对曰："忠之属也。可以一战。战则请从。"

公与之乘，战于长勺。公将鼓之。刿曰："未可。"齐人三鼓。刿曰："可矣。"齐师败绩。公将驰之。刿曰："未可。"下视其辙，登轼而望之，曰："可矣。"遂逐齐师。

既克，公问其故。对曰："夫战，勇气也。一鼓作气，再而衰，三而竭。彼竭我盈，故克之，夫大国，难测也，惧有伏焉。吾视其辙乱，望其旗靡，故逐之。"

译文

鲁庄公十年的春天，齐国军队攻打我们鲁国。鲁庄公将要迎战。曹刿请求拜见鲁庄公。他的同乡说："当权的人自会谋划这件事，你又何必参与呢？"曹刿说："当权的人目光短浅，不能深谋远虑。"于是入朝去见鲁庄公。曹刿问："您凭借什么作战？"鲁庄公说："衣食（这一类）养生的东西，我从来不敢独自专有，一定把它们分给身边的大臣。"曹刿回答说："这种小恩小惠不能遍及百姓，老百姓是不会顺从您的。"鲁庄公说："祭祀用的猪牛羊和玉器、丝织品等，我从来不敢虚报夸大数目，一定对上天说实话。"曹刿说："小小信用，不能取得神灵的信任，神灵是不会保佑您的。"鲁庄公说："大大小小的诉讼案件，即使不能一一明察，但我一定根据实情（合理裁决）。"曹刿回答说："这才尽了本职一类的事，可以（凭借这个条件）打一仗。如果作战，请允许我跟随您一同去。"

到了那一天，鲁庄公和曹刿同坐一辆战车，在长勺和齐军作战。鲁庄公将要下令击鼓进军。曹刿说："现在不行。"等到齐军三次击鼓之后。曹刿说："可以击鼓进军了。"齐军大败。鲁庄公又要下令驾车马追逐齐军。曹刿说:"还不行。"说完就下了战车,察看齐军车轮碾出的痕迹,又登上战车,扶着车前横木远望齐军的队形,这才说:"可以追击了。"于是追击齐军。

打了胜仗后,鲁庄公问他取胜的原因。曹刿回答说:"作战,靠的是士气。第一次击鼓能够振作士兵们的士气。第二次击鼓士兵们的士气就开始低落了,第三次击鼓士兵们的士气就耗尽了。他们的士气已经消失而我军的士气正旺盛,所以才战胜了他们。像齐国这样的大国,其情况是难以推测的,怕齐国设有伏兵。后来我看到他们车轮的痕迹混乱了,望见他们的旗帜倒下了,所以下令追击他们。"

邹忌讽齐王纳谏

〔战国〕 《战国策》

原文

邹忌修八尺有余,而形貌昳丽。朝服衣冠,窥镜,谓其妻曰:"我孰与城北徐公美?"其妻曰:"君美甚,徐公何能及君也!"城北徐公,齐国之美丽者也。忌不自信,而复问其妾曰:"吾孰与徐公美?"妾曰:"徐公何能及君也!"旦日,客从外来,与坐谈,问之客曰:"吾与徐公孰美?"客曰:"徐公不若君之美也。"明日徐公来,孰视之,自以为不如;窥镜而自视,又弗如远甚。暮寝而思之,曰:"吾妻之美我者,私我也;妾之美我者,畏我也;客之美我者,欲有求于我也。"

于是入朝见威王,曰:"臣诚知不如徐公美。臣之妻私臣,臣之妾畏臣,臣之客欲有求于臣,皆以美于徐公。今齐地方千里,百二十城,宫妇左右莫不私王,朝廷之臣莫不畏王,四境之内莫不有求于王:由此观之,王之蔽甚矣。"

王曰:"善。"乃下令:"群臣吏民能面刺寡人之过者,受上赏;上书谏寡人者,受中赏;能谤讥于市朝,闻寡人之耳者,受下赏。"令初下,群臣进谏,门庭若市;数月之后,时时而间进;期年之后,虽欲言,无可进者。

燕、赵、韩、魏闻之,皆朝于齐。此所谓战胜于朝廷。

译 文

邹忌身高八尺多,而且身材容貌光艳美丽。有一天早晨他穿戴好衣帽,照着镜子,向他的妻子说:"我与城北的徐公相比,谁更美丽呢?"他的妻子说:"您美极了,徐公怎么能比得上您呢!"城北的徐公,是齐国的美男子。邹忌不相信自己会比徐公美丽,于是又问他的小妾说:"我和徐公相比,谁更美丽?"妾说:"徐公怎么能比得上您呢?"第二天,有客人从外面来拜访,邹忌和他坐着谈话。邹忌问客人道:"我和徐公相比,谁更美丽?"客人说:"徐公不如您美丽啊。"又过了一天,徐公前来拜访,(邹忌)仔细地端详他,自己觉得不如他美丽;再照着镜子看看自己,更觉得远远比不上人家。晚上,他躺在床上想这件事,说:"我的妻子认为我美,是偏爱我;我的小妾认为我美,是惧怕我;客人认为我美,是有求于我。"

于是邹忌上朝拜见齐威王。说:"我确实知道自己不如徐公美丽。可是我的妻子偏爱我,我的妾惧怕我,我的客人对我有所求,他们都说我比徐公美丽。如今的齐国,土地方圆千里,有一百二十座城池,宫中的姬妾和身边的近臣,没有不偏爱大王的;朝廷中的大臣,没有不惧怕大王的;国内的百姓,没有不对大王有所求的:由此看来,大王受蒙蔽一定很厉害了。"

齐威王说:"说得真好。"于是下了一道命令:"所有的大臣、官吏、百姓,能够当面批评我的过错的,可得上等奖赏;能够上书劝谏我的,得中等奖赏;能够在众人集聚的公共场所指责、议论我的过失,并能传到我耳朵里的,得下等奖赏。"政令刚一下达,所有大臣都来进言规劝,宫门庭院就像集市一样喧闹。几个月以后,偶尔还有人进谏。一年以后,即使想进言,也没有什么可说的了。

燕、赵、韩、魏等国听说了这件事,都到齐国来朝见(齐王)。这就是人们所说的在朝廷上战胜了列国。

孟 子 二 章

〔战国〕　《孟子》

原 文

得道多助，失道寡助

^{mèng zǐ yuē} ^{tiān shí bù rú dì lì} ^{dì lì bù rú rén hé}
孟子曰"天时不如地利，地利不如人和。"

^{sān lǐ zhī chéng} ^{qī lǐ zhī guō} ^{huán ér gōng zhī ér bú shèng} ^{fú huán ér gōng zhī} ^{bì yǒu dé tiān shí zhě yǐ} ^{rán ér bú shèng}
三里之城，七里之郭，环而攻之而不胜。夫环而攻之，必有得天时者矣，然而不胜
^{zhě} ^{shì tiān shí bù rú dì lì yě}
者，是天时不如地利也。

^{chéng fēi bù gāo yě} ^{chí fēi bù shēn yě} ^{bīng gé fēi bù jiān lì yě} ^{mǐ sù fēi bù duō yě} ^{wěi ér qù zhī} ^{shì dì lì bù rú}
城非不高也，池非不深也，兵革非不坚利也，米粟非不多也，委而去之，是地利不如
^{rén hé yě}
人和也。

^{gù yuē} ^{yù mín bù yǐ fēng jiāng zhī jiè} ^{gù guó bù yǐ shān xī zhī xiǎn} ^{wēi tiān xià bù yǐ bīng gé zhī lì} ^{dé dào zhě duō zhù}
故曰，域民不以封疆之界，固国不以山溪之险，威天下不以兵革之利。得道者多助，
^{shī dào zhě guǎ zhù} ^{guǎ zhù zhī zhì} ^{qīn qī pàn zhī} ^{duō zhù zhī zhì} ^{tiān xià shùn zhī} ^{yǐ tiān xià zhī suǒ shùn} ^{gōng qīn qī zhī suǒ}
失道者寡助。寡助之至，亲戚畔之。多助之至，天下顺之。以天下之所顺，攻亲戚之所
^{pàn} ^{gù jūn zǐ yǒu bú zhàn} ^{zhàn bì shèng yǐ}
畔，故君子有不战，战必胜矣。

生于忧患，死于安乐

^{shùn fā yú quǎn mǔ zhī zhōng} ^{fù yuè jǔ yú bǎn zhù zhī jiān} ^{jiāo gé jǔ yú yú yán zhī zhōng} ^{guǎn yí wú jǔ yú shì} ^{sūn shū áo jǔ}
舜发于畎亩之中，傅说举于版筑之间，胶鬲举于鱼盐之中，管夷吾举于士，孙叔敖举
^{yú hǎi} ^{bǎi lǐ xī jǔ yú shì}
于海，百里奚举于市。

^{gù tiān jiāng jiàng dà rèn yú sī rén yě} ^{bì xiān kǔ qí xīn zhì} ^{láo qí jīn gǔ} ^{è qí tǐ fū} ^{kōng fá qí shēn} ^{xíng fú luàn qí}
故天将降大任于斯人也，必先苦其心志，劳其筋骨，饿其体肤，空乏其身，行拂乱其
^{suǒ wéi} ^{suǒ yǐ dòng xīn rěn xìng} ^{zēng yì qí suǒ bù néng}
所为，所以动心忍性，曾益其所不能。

^{rén héng guò} ^{rán hòu néng gǎi} ^{kùn yú xīn} ^{héng yú lù} ^{ér hòu zuò} ^{zhēng yú sè} ^{fā yú shēng} ^{ér hòu yù} ^{rù zé wú fǎ jiā}
人恒过，然后能改；困于心，衡于虑，而后作；征于色，发于声，而后喻。入则无法家
^{bì shì} ^{chū zé wú dí guó wài huàn zhě} ^{guó héng wáng}
拂士，出则无敌国外患者，国恒亡。

^{rán hòu zhī shēng yú yōu huàn ér sǐ yú ān lè yě}
然后知生于忧患而死于安乐也。

译文

得道多助，失道寡助

孟子说："有利于作战的天气条件，比不上有利于作战的地理形势，有利于作战的地理形势，比不上作战中的人心所向、内部团结。"

方圆三里的内城，方圆七里的外城，包围着攻打它却不能取胜。能包围着攻打它，必定是得到了（有利于作战的）天气时令，这样却不能取胜，这是因为（有利于作战的）天气条件比不上（有利于作战的）地理形势。

城墙不是不高，护城河不是不深，武器装备不是不尖利，粮食不是不充足，但守城者弃城而逃走，这是因为（有利于作战的）地理形势比不上作战中的人心所向、上下团结。

所以说：使百姓定居下来而不迁到其他的地方去，不能依靠划定疆域的界限，使国防巩固不能靠山河的险要，威慑天下不能靠武器装备的强大。施行仁政的人，帮助支持他的人就多，不施行仁政的人，帮助支持他的人就少。帮助他的人少到了极点，内外亲属都会背叛他。帮助他的多到了极点，天下人都归顺他。凭借天下人都归顺他的条件，攻打内外亲属都背叛他的人，所以君子不战则已，战就一定胜利。

生于忧患，死于安乐

舜从田野耕作之中被起用，傅说从筑墙的劳作之中被起用，胶鬲从贩鱼卖盐中被起用，管夷吾被从狱官手里救出来并受到任用，孙叔敖从海滨隐居的地方被起用，百里奚被从奴隶市场里赎买回来并被起用。

所以上天要把重任降临在某人的身上，一定先要使他心意苦恼，筋骨劳累，使他忍饥挨饿，身体空虚乏力，使他的每一行动都不如意，这样来激励他的心志，使他性情坚忍，增加他所不具备的能力。

一个人，常常出错，然后才能改正；心意困苦，思虑阻塞，然后才能奋发；别人愤怒表现在脸色上，怨恨吐发在言语中，然后你就会知道。一个国家，如果在国内没有坚守法度的大臣和足以辅佐君王的贤士，即使没有与之匹敌的邻国和来自外国的祸患，国家也常常会有覆灭的危险。

这样，就知道忧愁祸患足以使人生存，安逸享乐足以使人灭亡的道理了。

两小儿辩日

〔战国〕 《列子·汤问》

原 文

孔子东游，见两小儿辩日，问其故。

一儿曰："我以日始出时去人近，而日中时远也。"

一儿以日初出远，而日中时近也。

一儿曰："日初出大如车盖，及日中则如盘盂，此不为远者小而近者大乎？"

一儿曰："日初出沧沧凉凉，及其日中如探汤，此不为近者热而远者凉乎？"

孔子不能决也。

两小儿笑曰："孰为汝多知乎？"

译 文

一天，孔子向东游历，看到两个小孩在争辩关于太阳的问题，便问是什么原因。

一个小孩说："我认为太阳刚刚升起时离人近一些，中午的时候离人远一些。"

另一个小孩认为太阳刚刚升起时离人远些，而中午时离人近些。

一个小孩说："太阳刚出来时像车盖一样大，到了中午却像个盘子，这不是远时看起来小而近时看起来大吗？"

另一个小孩说："太阳刚出来时有清凉的感觉，到了中午却像把手伸进热水里一样，这不是近时热而远时凉吗？"

孔子也不能判断谁对谁错。

两个小孩笑着说："谁说您十分有智慧呢？"

马 说

〔唐〕 韩 愈

原文

世有伯乐，然后有千里马。千里马常有，而伯乐不常有。故虽有名马，只辱于奴隶人之手，骈死于槽枥之间，不以千里称也。

马之千里者，一食或尽粟一石。食马者不知其能千里而食也。是马也，虽有千里之能，食不饱，力不足，才美不外见，且欲与常马等不可得，安求其能千里也？

策之不以其道，食之不能尽其材，鸣之而不能通其意，执策而临之，曰："天下无马！"呜呼！其真无马邪？其真不知马也！

译文

世上有了伯乐，然后才会有千里马。千里马经常有，可是伯乐却不会经常有。因此即使有千里马，也只能在仆役的手里受屈辱，和普通的马并列死在马厩里，不能以日行千里著称。

一匹日行千里的马，一顿有时能吃一石食。喂马的人不懂得要根据它的食量多加饲料来喂养它。这样的马即使有日行千里的能力，却吃不饱，力气不足，它的才能和好的素质也就不能表现出来，想要和一般的马一样尚且办不到，又怎么能要求它日行千里呢？

鞭策它，却不按照正确的方法，喂养它，又不足以使它充分发挥自己的才能，听它嘶叫却不能通晓它的意思。反而拿着鞭子走到它跟前说："天下没有千里马！"唉！难道果真没有千里马吗？恐怕是他们真不识得千里马吧！

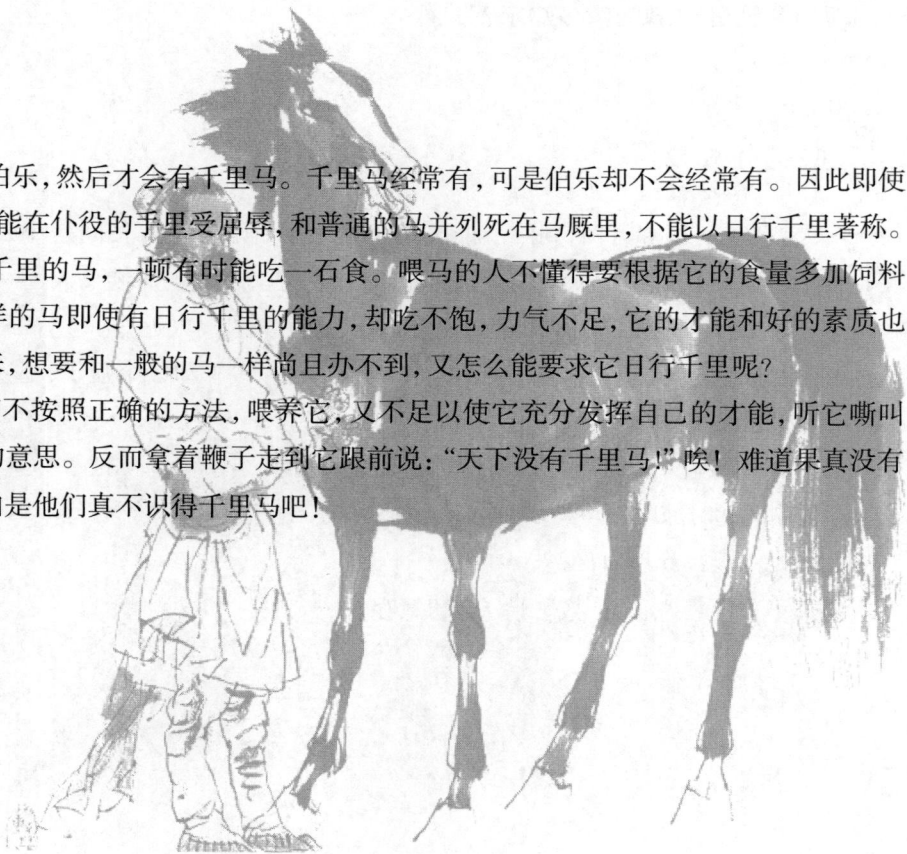

秋 声 赋

〔北宋〕 欧阳修

原文

欧阳子方夜读书,闻有声自西南来者,悚然而听之,曰:"异哉!"初淅沥以萧飒,忽奔腾而澎湃,如波涛夜惊,风雨骤至。其触于物也,鏦鏦铮铮,金铁皆鸣;又如赴敌之兵,衔枚疾走,不闻号令,但闻人马之行声。予谓童子:"此何声也?汝出视之。"童子曰:"星月皎洁,明河在天,四无人声,声在树间。"

余曰:"噫嘻悲哉!此秋声也,胡为而来哉?盖夫秋之为状也:其色惨淡,烟霏云敛;其容清明,天高日晶;其气栗冽,砭人肌骨;其意萧条,山川寂寥。故其为声也,凄凄切切,呼号愤发。丰草绿缛而争茂,佳木葱茏而可悦;草拂之而色变,木遭之而叶脱。其所以摧败零落者,乃其一气之余烈。夫秋,刑官也,于时为阴;又兵象也,于行用金,是谓天地之义气,常以肃杀而为心。天之于物,春生秋实,故其在乐也,商声主西方之音,夷则为七月之律。商,伤也,物既老而悲伤;夷,戮也,物过盛而当杀。"

"嗟乎!草木无情,有时飘零。人为动物,惟物之灵;百忧感其心,万事劳其形;有动于中,必摇其精。而况思其力之所不及,忧其智之所不能;宜其渥然丹者为槁木,黟然黑者为星星。奈何以非金石之质,欲与草木而争荣?念谁为之戕贼,亦何恨乎秋声!"

童子莫对,垂头而睡。但闻四壁虫声唧唧,如助予之叹息。

译文

欧阳先生夜里正在读书,(忽然)听到有声音从西南方向传来,心里不禁悚然。他一听,惊道:"奇怪啊!"这声音初听时像淅淅沥沥的雨声,其中还夹杂着萧萧飒飒的风吹树木声,然后忽然变得汹涌澎湃起来,像是夜间江河波涛突起、风雨骤然而至。碰到物体上发出铿锵之声,又好像金属撞击的声音,再(仔细)听,又像衔枚奔走去袭击敌人的军队,听不到任何号令声,只听见有人马行进的声音。(于是)我对童子说:"这是什么声音?你出去看看。"童子回答说："月色皎皎、星光灿烂、浩瀚银河、高悬中天，四下里没有人的声音，那声音是从树林间传来的。"

我叹道："唉，可悲啊！这就是秋声呀，它怎么突然就来了呢？大概是那秋天的样子，它的色调暗淡、烟飞云收；它的形貌清新明净，天空高远、日色明亮；它的气候寒冷、刺人肌骨；它的意境寂寞冷落、没有生气，川流寂静、山林空旷。所以它发出的声音时而凄凄切切，呼号迅猛，不可遏止。绿草浓密丰美，争相繁茂，树木青翠茂盛而使人快乐。然而，一旦秋风吹起，拂过草地，草就要变色；掠过森林，树就要落叶。它能折断枝叶、凋落花草，使树木凋零的原因，便是一种构成天地万物的浑然之气(秋气)的余威。

秋天是刑官执法的季节，它在季节上属于阴；秋天又是兵器和用兵的象征，在五行上属于金。这就是常说的天地之严凝之气，它常常以肃杀为意志。自然对于万物，是要它们在春天生长，在秋天结实。所以，秋天在音乐的五声中又属商声。商声是西方之声，夷则是七月的曲律之名。商，也就是'伤'的意思，万物衰老了，都会悲伤。夷，是杀戮的意思，草木过了繁盛期就应该衰亡。"

"唉！草木是无情之物，尚有衰败零落之时。人为动物，在万物中又最有灵性，无穷无尽的忧虑煎熬他的心绪，无数琐碎烦恼的事来劳累他的身体。只要内心被外物触动，就一定会消耗他的精气。更何况常常思考自己的力量所做不到的事情，忧虑自己的智慧所不能解决的问题，自然会使他红润的面色变得苍老枯槁，乌黑的头发(壮年)变得鬓发花白(年老)。(既然这样)，为什么却要以并非金石的肌体，去像草木那样争一时的荣盛呢？ (人)应当仔细考虑究竟是谁给自己带来了这么多残害，又何必去怨恨这秋声呢？"

书童没有应答，低头沉沉睡去。只听得四壁虫鸣唧唧，像在附和我的叹息。

卖柑者言

〔明〕 刘 基

原文

杭有卖果者，善藏柑，涉寒暑不溃。出之烨然，玉质而金色。置于市，贾十倍，人争鬻之。

予贸得其一，剖之，如有烟扑口鼻，视其中，则干若败絮。予怪而问之曰："若所市于人者，将以实笾豆，奉祭祀，供宾客乎？将炫外以惑愚瞽也？甚矣哉，为欺也！"

卖者笑曰："吾业是有年矣，吾赖是以食吾躯。吾售之，人取之，未尝有言，而独不足子所乎？世之为欺者不寡矣，而独我也乎？吾子未之思也。

今夫佩虎符、坐皋比者，洸洸乎干城之具也，果能授孙、吴之略耶？峨大冠、拖长绅者，昂昂乎庙堂之器也，果能建伊、皋之业耶？盗起而不知御，民困而不知救，吏奸而不知禁，法斁而不知理，坐糜廪粟而不知耻。观其坐高堂，骑大马，醉醇醴而饫肥鲜者，孰不巍巍乎可畏，赫赫乎可象也？又何往而不金玉其外，败絮其中也哉？今子是之不察，而以察吾柑！"

予默默无以应。退而思其言，类东方生滑稽之流。岂其愤世疾邪者耶？而托于柑以讽耶？

　　杭州有个卖水果的人，擅长贮藏柑橘，经历一整年也不溃烂，拿出它们的时候还是光彩鲜明的样子，玉石一样的质地，金灿灿的颜色。放到市场上，卖(比别人的高出)十倍的价钱。人们争相购买他的柑橘。

　　我买到了其中的一个，切开它，像有股烟直扑口鼻，看它的里面，干枯得像破败的棉絮。我对此感到奇怪，问他说："你卖给别人的柑橘，是打算用来装满在盛祭品的容器中，祭祀祖先、招待宾客的吗？还是要炫耀它的外表用来欺骗智力障碍者和盲人的吗？这样欺骗人的行为实在是太过分了。"

　　卖柑橘的人笑着说："我从事这个行业已有好多年了。我依赖这个行当来养活自己。我卖它，别人买它，不曾有人说过什么的，却唯独不能满足您吗？世上做欺骗的事的人不少，难道只有我一个吗？你还没有好好考虑这个问题。

　　那些佩戴虎形兵符、坐在虎皮上的人，威武的样子，好像是捍卫国家的将才，他们果真能拥有孙武、吴起的谋略吗？那些戴着高帽子，拖着长长带子的人，气宇轩昂地坐在朝堂之上，他们果真能够建立伊尹、皋陶的业绩吗？盗贼四起却不懂得抵御，百姓困苦却不懂得救助，官吏狡诈却不懂得禁止，法度败坏却不懂得治理，奢靡地浪费粮食却不懂得羞耻。看看那些坐在高堂上，骑着大马，喝着美酒，吃着美食的人，哪一个不是威风凛凛、令人敬畏、显赫得值得人们效仿？可是无论到哪里，又有谁不是外表如金似玉、内心破败得像破棉絮呢？你看不到这些现象，却只看到我的柑橘！"

　　我默默地没有话用来回答。回来思考这卖柑人的话，觉得他像是像东方朔那样诙谐多讽、机智善辩的人。难道他是对世间邪恶现象激愤痛恨之人吗？因而假托柑橘来讽刺吗？

病 梅 馆 记

〔清〕 龚自珍

原 文

江宁之龙蟠，苏州之邓尉，杭州之西溪，皆产梅。或曰："梅以曲为美，直则无姿；以 敧为美，正则无景；以疏为美，密则无态。"固也。此文人画士，心知其意，未可明诏大号 以绳天下之梅也；又不可以使天下之民斫直，删密，锄正，以夭梅病梅为业以求钱也。梅 之敧之疏之曲，又非蠢蠢求钱之民能以其智力为也。有以文人画士孤癖之隐明告鬻梅者， 斫其正，养其旁条，删其密，夭其稚枝，锄其直，遏其生气，以求重价，而江浙之梅皆病。 文人画士之祸之烈至此哉！

予购三百盆，皆病者，无一完者。既泣之三日，乃誓疗之：纵之顺之，毁其盆，悉埋 于地，解其棕缚；以五年为期，必复之全之。予本非文人画士，甘受诟厉，辟病梅之馆 以贮之。

呜呼！安得使予多暇日，又多闲田，以广贮江宁、杭州、苏州之病梅，穷予生之光阴 以疗梅也哉！

译 文

江宁的龙蟠里，苏州的邓尉山，杭州的西溪，都出产梅。有人说："梅凭着弯曲的姿态被 认为是美丽的，笔直了就没有风姿；凭着枝干倾斜被认为是美丽的，端正了就没有景致；凭着 枝叶稀疏被认为是美丽的，茂密了就没有姿态。"本来就如此。(对于)这，文人画家在心里明白它的意思，却不便公开宣告，大声疾呼，用(这种标准)来约束天下的梅。又不能够来让天下种梅人砍掉笔直的枝干、除去繁密的枝条、锄掉端正的枝条，把枝干摧折、使梅花呈病态作为职业来谋求钱财。梅的枝干的倾斜、枝叶的疏朗、枝干的弯曲，又不是那些忙于赚钱的人能够凭借他们的智慧、力量做得到的。有的人把文人画士这隐藏在心中的特别嗜好明白地告诉卖梅的人，(使他们)砍掉端正的(枝干)，培养倾斜的侧枝，除去繁密的(枝干)，摧折它的嫩枝，锄掉笔直的(枝干)，阻碍它的生机，用这样的方法来谋求大价钱，于是江苏、浙江的梅都成病态了。文人画家造成的祸害严重到这个地步啊！

我买了三百盆梅，都是病梅，没有一盆完好的。我为它们流了好几天泪之后，发誓要治疗它们：我放开它们，使它们顺其自然生长，毁掉那些盆子，把梅全部种在地里，解开捆绑它们棕绳的束缚；把五年作为期限，一定使它们恢复并使它们完好。我本来不是文人画士，心甘情愿受到辱骂，开设一个病梅馆来贮存它们。

唉！怎么能让我有多一些空闲时间，又有多一些空闲的田地，来广泛贮存南京、杭州、苏州的病态的梅树，竭尽我毕生的时间来治疗病梅呢！

河中石兽

〔清〕 纪 昀

原 文

沧州南一寺临河干，山门圮于河，二石兽并沉焉。阅十余岁，僧募金重修，求石兽于水中，竟不可得。以为顺流下矣，棹数小舟，曳铁钯，寻十余里无迹。

一讲学家设帐寺中，闻之笑曰："尔辈不能究物理，是非木杮，岂能为暴涨携之去？乃石性坚重，沙性松浮，湮于沙上，渐沉渐深耳。沿河求之，不亦颠乎？"众服为确论。

一老河兵闻之，又笑曰："凡河中失石，当求之于上流。盖石性坚重，沙性松浮，水不能冲石，其反激之力，必于石下迎水处啮沙为坎穴，渐激渐深，至石之半，石必倒掷坎穴中。如是再啮，石又再转。转转不已，遂反溯流逆上矣。求之下流，固颠；求之地中，不更颠乎？"如其

言，果得于数里外。然则天下之事，但知其一，不知其二者多矣，可据理臆断欤？

译文

沧州的南面有一座寺庙靠近河岸，庙门倒塌在了河里，两只石兽一起沉没于此。经过十多年，僧人们募集金钱重修(寺庙)，便在河中寻找石兽，最后也没找到。僧人们认为石兽顺着水流流到下游了。于是划着几只小船，拖着铁钯，(向下游)寻找了十多里，没有找到石兽的踪迹。

一位讲学家在寺庙中教书，听说了这件事笑着说："你们这些人不能推究事物的道理。这(石兽)不是木片，怎么能被暴涨的洪水带走呢？石头的性质坚硬沉重，泥沙的性质松软浮动，石兽埋没在沙上，越沉越深罢了。顺着河流寻找石兽，不是(显得)疯狂了吗？"大家信服地认为(这话)是精当确切的言论。

一位老河兵听说了讲学家的观点，又笑着说："凡是落入河中的石头，都应当在河的上游寻找它。正因为石头的性质坚硬沉重，沙的性质松软轻浮，水流不能冲走石头，水流反冲的力量，一定在石头下面迎水的地方侵蚀沙子形成坑洞。越激越深，当坑洞延伸到石头底部的一半时，石头必定倾倒在坑洞中。像这样再冲刷，石头又会再次转动，像这样不停地转动，于是反而逆流朝相反方向到上游去了。到河的下游寻找石兽，本来就(显得)很疯狂；在石兽沉没的地方寻找它们，不是(显得)更疯狂了吗？"结果依照他的话去(寻找)，果然在上游的几里外寻到了石兽。

既然这样，那么天下的事，只知道表面现象，不知道根本道理的情况有很多，难道可以根据某个道理就主观判断吗？

蒹　葭

〔先秦〕　《诗经》

jiān jiā cāng cāng　bái lù wéi shuāng　suǒ wèi yī rén　zài shuǐ yì fāng
蒹葭苍苍，白露为霜。所谓伊人，在水一方。

sù huí cóng zhī　dào zǔ qiě cháng　sù yóu cóng zhī　wǎn zài shuǐ zhōng yāng
溯洄从之，道阻且长。溯游从之，宛在水中央。

jiān jiā qī qī　bái lù wèi xī　suǒ wèi yī rén　zài shuǐ zhī méi
蒹葭萋萋，白露未晞。所谓伊人，在水之湄。

sù huí cóng zhī　dào zǔ qiě jī　sù yóu cóng zhī　wǎn zài shuǐ zhōng chí
溯洄从之，道阻且跻。溯游从之，宛在水中坻。

jiān jiā cǎi cǎi　bái lù wèi yǐ　suǒ wèi yī rén　zài shuǐ zhī sì
蒹葭采采，白露未已。所谓伊人，在水之涘。

sù huí cóng zhī　dào zǔ qiě yòu　sù yóu cóng zhī　wǎn zài shuǐ zhōng zhǐ
溯洄从之，道阻且右。溯游从之，宛在水中沚。

译文

河边芦苇青苍苍，秋深露水结成霜。意中之人在何处？就在河水那一方。
逆着流水去找她，道路险阻又太长。顺着流水去找她，仿佛在那水中央。
河边芦苇密又繁，清晨露水未曾干。意中之人在何处？就在河岸那一边。
逆着流水去找她，道路险阻攀登难。顺着流水去找她，仿佛就在水中滩。
河边芦苇密稠稠，早晨露水未全收。意中之人在何处？就在水边那一头。
逆着流水去找她，道路险阻曲难求。顺着流水去找她，仿佛就在水中洲。

赏析

　　《蒹葭》美在象征，"在水一方"是表达社会人生中一切可望难及的情境的一个艺术范型。这里的"伊人"，可以是贤才、友人、情人，可以是功业、理想、前途，甚至可以是福地、圣境、仙界；这里的"河水"，可以是高山、深堑，可以是宗法、礼教，也可以是现实人生中可能遇到的其他任何障碍。只要你有追求、有阻隔、有失落，就能从这首诗中找到共鸣。古人把《蒹葭》理解为劝人遵循周礼、招贤、怀人之诗，今人把它视作爱情诗，乃至有人把它看作上古之人的祭祀水神之诗，恐怕都有一定道理。

迢迢牵牛星

〔东汉〕 《古诗十九首》

tiáotiáoqiānniúxīng jiǎojiǎo hé hàn nǚ
迢迢牵牛星，皎皎河汉女。

xiānxiānzhuó sù shǒu zhá zhá nòng jī zhù
纤纤擢素手，札札弄机杼。

zhōng rì bù chéngzhāng qì tì líng rú yǔ
终日不成章，泣涕零如雨。

hé hàn qīng qiě qiǎn xiàng qù fù jǐ xǔ
河汉清且浅，相去复几许！

yíngyíng yì shuǐ jiān mò mò bù dé yǔ
盈盈一水间，脉脉不得语。

译 文

那遥远而亮洁的牵牛星，那皎洁而遥远的织女星。

织女正摆动柔长洁白的双手，织布机札札地响个不停。

因为相思而整天也织不出什么花样，她哭泣的泪水零落如雨。

只隔了道清清浅浅的银河，他俩相距并没有多远。

然而相隔在清清浅浅的银河两边，只能含情脉脉、相视无言、痴痴凝望。

赏 析

《迢迢牵牛星》是产生于汉代的一首文人五言诗，是《古诗十九首》之一。此诗借神话传说中牛郎、织女被银河阻隔而不得会面的悲剧，抒发了女子离别相思之情，写出了人间夫妻不得团聚的悲哀。字里行间，蕴藏着一定的不满和反抗意识。诗人抓住银河、机杼这些和牛郎织女神话相关的物象，借写织女有情思亲、无心织布、隔河落泪、对水兴叹的心态，来比喻人间的离妇对辞亲去远的丈夫的相思之情。全诗想象丰富，感情缠绵，用语婉丽，境界奇特，是相思怀远诗中的新格高调。

饮　酒

〔东晋〕　陶渊明

结庐在人境，而无车马喧。

问君何能尔？心远地自偏。

采菊东篱下，悠然见南山。

山气日夕佳，飞鸟相与还。

此中有真意，欲辩已忘言。

译文

居住在人世间，却没有车马的喧嚣。

问我为何能如此，只要心志高远，自然就会觉得所处地方僻静了。

在东篱之下采摘菊花，悠然间，那远处的南山映入眼帘。

山中的气息与傍晚的景色十分好，有飞鸟，结着伴儿归来。

这里面蕴含着人生的真正意义，想要雄辩，却不知怎样表达。

赏析

这首诗主要表现隐居生活的情趣，写诗人于劳动之余，饮酒至醉之后，在晚霞的辉映之下，在山岚的笼罩之中，采菊东篱，遥望南山。全诗情味深永，感觉和情理浑然一体，不可分割。表现了作者悠闲自得的心境和对宁静自由的田园生活的热爱，对黑暗官场的鄙弃和厌恶，抒发作者宁静安详的心态和闲适自得的情趣，以及返回自然的人生理想。

独坐敬亭山

〔唐〕　李　白

众鸟高飞尽，孤云独去闲。

相看两不厌，只有敬亭山。

译文

群鸟高飞无影无踪,孤云独去自在悠闲。

你看我,我看你,彼此之间两不相厌,只有我和眼前的敬亭山了。

赏析

《独坐敬亭山》是唐代伟大诗人李白创作的一首五绝,是诗人表现自己精神世界的佳作。此诗表面是写独游敬亭山的情趣,而其深层次则是表达了诗人生命历程中旷世的孤独感。诗人以奇特的想象力和巧妙的构思,给山水景物以生命,将敬亭山拟人化,写得十分生动。作者写的是自己的孤独和自己的怀才不遇,但更是自己的坚定,在大自然中寻求安慰和寄托。

问刘十九

〔唐〕 白居易

lù yǐ xīn pēi jiǔ　　hóng ní xiǎo huǒ lú
绿蚁新醅酒,红泥小火炉。

wǎn lái tiān yù xuě　　néng yǐn yì bēi wú
晚来天欲雪,能饮一杯无?

译文

新酿的米酒,色绿香浓;小小红泥炉,烧得殷红。

天快黑了,大雪将要来。能否共饮一杯?朋友!

赏析

刘十九是作者在江州时的朋友。全诗寥寥二十字，没有深远寄托，没有华丽辞藻，字里行间却洋溢着热烈欢快的色调和温馨炽热的情谊，表现了温暖如春的诗情。"家酒""小火炉"和"暮雪"三个意象被白居易纳入这充满诗意情境的整体组织结构中时，读者会感受到一种不属于单个意象而决定于整体组织的气韵、境界和情味。寒冬腊月，暮色苍茫，风雪大作，家酒新熟、炉火已生，只待朋友早点到来，三个意象连缀起来构成一幅有声有色、有形有态、有情有意的图画，其间流溢出友情的融融暖意和人性的阵阵芳香。

登 乐 游 原

〔唐〕 李商隐

xiàng wǎn yì bú shì　　qū chē dēng gǔ yuán
向晚意不适，驱车登古原。
xī yáng wú xiàn hǎo　　zhǐ shì jìn huáng hūn
夕阳无限好，只是近黄昏。

译文

傍晚时心情不快，驾着车登上古原。
夕阳啊无限美好，只不过接近黄昏。

赏 析

李商隐所处的时代是国运将尽的晚唐,尽管他有抱负,但是无法施展,很不得志。这首诗就反映了他的伤感情绪。"无限好"是对夕阳下的景象热烈赞美。然而"只是"二字,笔锋一转,转到深深的哀伤之中。这是诗人因无力挽留美好事物而发出的深长慨叹。这两句近于格言式的慨叹含义十分深刻,它不仅对夕阳下的自然景象而发,也是对自己、对时代所发出的感叹。其中也富有爱惜光阴的积极意义。

泾 溪

〔唐〕 杜荀鹤

jīng xī shí xiǎn rén jìng shèn　　zhōng suì bù wén qīng fù rén
泾溪石险人兢慎, 终岁不闻倾覆人。

què shì píng liú wú xiǎn chù　　shí shí wén shuō yǒu chén lún
却是平流无险处, 时时闻说有沉沦。

译 文

泾溪里面礁石很险浪很急,人们路过的时候都非常小心,所以终年都不会听到有人不小心掉到里面淹死的消息。

恰恰是在水流缓慢没有礁石的地方,常常听到有人被淹死的消息。

赏 析

多有哲理啊,险的地方,都"兢慎",因而"不闻倾覆";倒是"平流无险处",恰恰"有沉沦"。是啊,为什么"无险处"会有沉沦呢? 就是因为平安日子过多了、过好了,渐渐贪图享受了,不思进取了,忘记了以前的艰难困苦、急流险滩。在安乐中消磨意志,在安乐中骄奢淫逸,在安乐中沉沦! 此所谓"死于安乐"是也!

登飞来峰

〔北宋〕 王安石

fēi lái shān shàng qiān xún tǎ　wén shuō jī míng jiàn rì shēng
飞来山上千寻塔，闻说鸡鸣见日升。
bú wèi fú yún zhē wàng yǎn　zì yuán shēn zài zuì gāo céng
不畏浮云遮望眼，自缘身在最高层。

译文

听说在飞来峰极高的塔上，鸡鸣时分可看到旭日初升。

不怕浮云会遮住我的视线，只因为如今我身在最高层。

赏析

这首诗，与唐人王之涣的《登鹳雀楼》的意境有一些相近的地方。王之涣说："欲穷千里目，更上一层楼"，这是欲登之志，而王安石说："不畏浮云遮望眼，自缘身在最高层"，却又是登上之感。可是两诗的艺术情趣是不同的，《登鹳雀楼》给人以力量的奋发，鼓舞人们积极向上，而《登飞来峰》却给人以哲理的深思，激起人们对登上高峰后的无穷品味。

题西林壁

〔北宋〕 苏 轼

héng kàn chéng lǐng cè chéng fēng　yuǎn jìn gāo dī gè bù tóng
横看成岭侧成峰，远近高低各不同。
bù shí lú shān zhēn miàn mù　zhī yuán shēn zài cǐ shān zhōng
不识庐山真面目，只缘身在此山中。

译文

从正面、侧面看庐山，山岭连绵起伏、山峰耸立，从远处、近处、高处、低处看庐山，庐山呈现各种不同的样子。我之所以认不清庐山真正的面目，是因为我人身处在庐山之中。

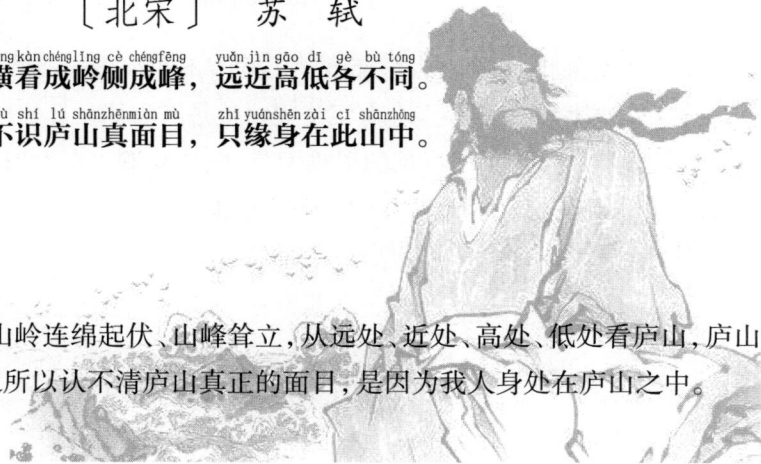

赏 析

结尾两句"不识庐山真面目,只缘身在此山中",是即景说理,谈游山的体会。之所以不能辨认庐山的真实面目,是因为身在庐山之中,视野为庐山的峰峦所局限,看到的只是庐山的一峰一岭一丘一壑,局部而已,这必然带有片面性。这两句奇思妙语,将全诗的意境浑然托出,为读者提供了一个回味经验、驰骋想象的空间。这不仅仅是游历山水才有的理性认识,游山所见如此,观察世上事物也常如此。这两句诗有着丰富的内涵,它启迪人们认识为人处事的一个哲理——由于人们所处的地位不同,看问题的出发点不同,对客观事物的认识难免有一定的片面性;要认识事物的真相与全貌,必须超越狭小的范围,摆脱主观成见。

青玉案·元夕

〔南宋〕 辛弃疾

dōng fēng yè fàng huā qiān shù
东风夜放花千树。gèng chuī luò xīng rú yǔ**更吹落、星如雨。**bǎo mǎ diāo chē xiāng mǎn lù**宝马雕车香满路。**

fèng xiāo shēng dòng
凤箫声动,yù hú guāng zhuǎn**玉壶光转,**yí yè yú lóng wǔ**一夜鱼龙舞。**

é ér xuě liǔ huáng jīn lǚ
蛾儿雪柳黄金缕。xiào yǔ yíng yíng àn xiāng qù**笑语盈盈暗香去。**zhòng lǐ xún tā qiān bǎi dù**众里寻他千百度。**

mò rán huí shǒu
蓦然回首,nà rén què zài**那人却在,**dēng huǒ lán shān chù**灯火阑珊处。**

译 文

像东风吹散千树繁花一样,又吹得烟火纷纷,乱落如雨。豪华的马车洒下满路芳香。悠扬的凤箫声四处回荡,玉壶般的明月渐渐西斜,一夜鱼龙灯飞舞笑语喧哗。

美人头上都戴着亮丽的饰物,笑语盈盈地随人群走过,身上香气飘洒。我在人群中寻找她千百回,猛然一回头,不经意间却在灯火零落之处发现了她。

赏 析

王国维《人间词话》云:古今之成大事业、大学问者,必经过三种之境界——"昨夜西风凋碧树。独上高楼,望尽天涯路。"此第一境也。"衣带渐宽终不悔,为伊消得人憔悴。"此第二境也。"众里寻他千百度,蓦然回首,那人却在灯火阑珊处。"此第三境也。这三句本是描写相思的诗句，但王国维却用以表现"悬思——苦索——顿悟"的治学三重境界，它巧妙地运用了三句中蕴含的哲理意趣，把诗句由爱情领域推绎到治学领域，赋予它深刻的内涵。

游山西村

〔南宋〕 陆 游

mò xiào nóng jiā là jiǔ hún　　fēng nián liú kè zú jī tún
莫笑农家腊酒浑，　丰年留客足鸡豚。
shān chóng shuǐ fù yí wú lù　　liǔ àn huā míng yòu yì cūn
山重水复疑无路，　柳暗花明又一村。
xiāo gǔ zhuī suí chūn shè jìn　　yī guān jiǎn pǔ gǔ fēng cún
箫鼓追随春社近，　衣冠简朴古风存。
cóng jīn ruò xǔ xián chéng yuè　　zhǔ zhàng wú shí yè kòu mén
从今若许闲乘月，　拄杖无时夜叩门。

译 文

不要笑农家腊月里酿的酒浊而又浑，在丰收的年景里待客菜肴非常丰繁。
山峦重叠水流曲折正担心无路可走，柳绿花艳忽然眼前又出现一个山村。
吹着箫打起鼓春社的日子已经接近，村民们衣冠简朴古代风气仍然保存。
今后如果还能乘大好月色出外闲游，我一定拄着拐杖随时来敲你的家门。

赏 析

这首诗既写出山西村山环水绕，花团锦簇，春光无限，另外它又富于哲理，表现了人生变化发展的某种规律性，令人回味无穷。表现了诗人与众不同的思维与精神——在逆境中往往蕴含着无限的希望。诗人描述了山水萦绕的迷路感觉与移步换形又见新景象的喜悦之情；人们可以从中领悟到蕴含的生活哲理——不论前路多么难行难辨，只要坚定信念，勇于开拓，人生就能"绝处逢生"。

观书有感

〔南宋〕 朱 熹

bàn mǔ fāng táng yí jiàn kāi
半亩方塘一鉴开，
tiān guāng yún yǐng gòng pái huái
天光云影共徘徊。

wèn qú nǎ dé qīng rú xǔ
问渠那得清如许？
wèi yǒu yuán tóu huó shuǐ lái
为有源头活水来。

译 文

半亩大的方形池塘像一面镜子一样打开，清澈明净，天光、云影在水面上闪耀浮动。
要问池塘里的水为何这样清澈呢？是因为有永不枯竭的源头源源不断地为它输送活水。

赏 析

这是一首借景喻理的名诗。全诗以方塘作比喻，形象地表达了一种微妙难言的读书感受。池塘并不是一泓死水，而是常有活水注入，因此像明镜一样，清澈见底，映照着天光云影。这种情景，同一个人在读书中搞通问题、获得新知而大有收益、提高认识时的情形颇为相似。这首诗所表现的读书有悟、有所得时的那种灵气流动、思路明畅、精神清新活泼而自得自在的境界，正是作者作为一位大学问家切身的读书感受。

雪 梅

〔南宋〕 卢梅坡

méi xuě zhēng chūn wèi kěn xiáng　sāo rén gé bǐ fèi píng zhāng
梅雪争春未肯降，骚人阁笔费评章。

méi xū xùn xuě sān fēn bái　xuě què shū méi yí duàn xiāng
梅须逊雪三分白，雪却输梅一段香。

译 文

梅花和雪花都认为自己占尽了春色，谁也不肯服输。难坏了诗人，难写评判文章。

说句公道话，梅花须逊让雪花三分晶莹洁白，雪花却输给梅花一段清香。

赏 析

古今不少诗人把雪、梅并写。雪因梅而透露出春的信息，梅因雪更显出高尚的品格。但在诗人卢梅坡的笔下，二者却为争春发生了"磨擦"，都认为自己占尽了春色，装点了春光，而且谁也不肯相让。这种写法，实在是新颖别致，出人意料，难怪诗人无法判个高低。诗的后两句巧妙地托出二者的长处与不足：梅不如雪白，雪没有梅香。读完全诗，我们似乎可以看出作者写这首诗是意在言外的：借雪梅的争春，告诫我们人各有所长，也各有所短，要有自知之明。取人之长，补己之短，才是正理。这首诗既有情趣，也有理趣，值得咏思。

普天乐·咏世

〔元〕 张鸣善

luò yáng huā　liáng yuán yuè　hǎo huā xū mǎi　hào yuè xū shē
洛阳花，梁园月，好花须买，皓月须赊。

huā yǐ lán gàn kàn làn màn kāi　yuè céng bǎ jiǔ wèn tuán yuán yè
花倚栏干看烂熳开，月曾把酒问团圆夜。

yuè yǒu yíng kuī huā yǒu kāi xiè　xiǎng rén shēng zuì kǔ lí bié
月有盈亏花有开谢，想人生最苦离别。

huā xiè le sān chūn jìn yě　yuè quē le zhōng qiū dào yě　rén qù le hé rì lái yě
花谢了三春近也，月缺了中秋到也，人去了何日来也？

译 文

在洛阳赏花，到梁园赏月，好花应不惜钱去买，明月也应不惜钱去买。依着栏杆观赏花开放得一片烂漫，举酒问明月为何如此圆。月有圆有缺花有开有谢，想到人生最苦的事情莫过于离别。花谢了到了三春再开，月缺了到了中秋又圆，人去了什么时候能再来呢？

赏 析

这首小令题为"咏世"，内容上看花好，问月圆，"想人生最苦离别"，看似写离愁，实际上也表达了作者的人生态度，抒发了人生感慨。自然之物生生不息，然而人呢？"人去了何日来也？"人间一别，能否再聚、何日能聚，便渺茫难期，更有甚者，一去不返。此篇末有一议，却感喟深沉。反观前句，对照之间也更彰显了行乐当及时的人生态度：对人生中的美好，便当"好花须买，皓月须赊。"

临江仙·滚滚长江东逝水

〔明〕　杨　慎

滚滚长江东逝水，浪花淘尽英雄。

是非成败转头空。

青山依旧在，几度夕阳红。

白发渔樵江渚上，惯看秋月春风。

一壶浊酒喜相逢。

古今多少事，都付笑谈中。

译 文

滚滚长江向东流，不再回头，多少英雄像翻飞的浪花般消逝。争什么是与非、成功与失败，都是短暂不长久的。只有青山依然存在，依然的日升日落。

江上的白发渔翁，早已习惯于四时的变化。和朋友难得见了面，痛快地畅饮一杯酒。古往今来的纷纷扰扰，都成为下酒闲谈的材料。

赏 析

从全词看，基调慷慨悲壮，意味无穷，读来荡气回肠，不由得在心头平添万千感慨。在让读者感受苍凉悲壮的同时，这首词又营造出一种淡泊宁静的气氛，并且折射出高远的意境和深邃的人生哲理。作者试图在历史长河的奔腾与沉淀中探索永恒的价值，在成败得失之间寻找深刻的人生哲理，有历史兴衰之感，更有人生沉浮之慨，体现出一种高洁的情操、旷达的胸怀。读者在品味这首词的同时，仿佛感到那奔腾而去的不是滚滚长江之水，而是无情的历史；仿佛倾听到一声声历史的叹息，于是，在叹息中寻找生命永恒的价值。

诫 子 弟

〔明〕 林 瀚

何事纷争一角墙，让他几尺又何妨。
长城万里今犹在，不见当年秦始皇！

译 文

为何要为了一角墙这样的小地面而起纷争呢，让给他几尺也没有什么妨碍啊。
万里长城这堵墙如今还存在着，可是当年营造它的秦始皇早已看不到了。

赏 析

《诫子弟》这首诗之所以流传久远，是因为作者将人与人之间的纷争，放在了历史的时空中去考察，让人有了一种"哲学"上的顿悟。"何事纷争一角墙，让他几尺又何妨"这一诗句所体现出的那种大度胸怀和礼让精神，让人不禁产生由此及彼的联想：其实所有类似"一角墙"这样物质上的纷争，我们都不妨"让他几尺"。物质会永在，有一天我们都会死去。所以活好现在，发扬谦让精神，处好人与人之间的关系，比争到些许物质利益更重要。

竹　石

〔清〕　郑　燮(xiè)

yǎo dìng qīng shān bú fàng sōng　　lì gēn yuán zài pò yán zhōng
咬定青山不放松，立根原在破岩中。

qiān mó wàn jī hái jiān jìn　　rèn ěr dōng xī nán běi fēng
千磨万击还坚劲，任尔东西南北风。

译　文

　　竹子抓住青山一点也不放松，它的根牢牢地扎在岩石缝中。经历成千上万次的折磨和打击，它依然那么坚强，不管是酷暑的东南风，还是严冬的西北风，它都能经受得住，还会依然坚韧挺拔。

赏　析

　　这首诗表面上是写竹，实际上是写人，写作者自己那种正直、刚正不阿、坚强不屈的性格，决不向任何邪恶势力低头的高风傲骨。语言简洁明快，却又执着有力，具体生动地描述了竹子生在恶劣环境下，长在危难中，而又自由自在、坚定乐观的性格。竹子在破碎的岩石中扎根，经受风吹雨打，但它就是"咬定青山不放松"。一个"咬"字，写出了竹子顽强的生命力和坚定的信念。最后一句中的一个"任"字，又写出了竹子无所畏惧、慷慨潇洒、积极乐观的精神风貌。

苔

〔清〕　袁　枚

bái rì bú dào chù　　qīng chūn qià zì lái
白日不到处，青春恰自来。

tái huā rú mǐ xiǎo　　yě xué mǔ dān kāi
苔花如米小，也学牡丹开。

译文

太阳晒不到的地方，绿意盎然的苔仍展现着自己的青春。

苔花就像米粒般大小，也学着牡丹的样子绽放着。

赏析

《苔》是清代袁枚所作。作为一个非常注重生活情趣的人，他在园中遍植花草，营造理想中的诗情画意，偶然发现生长于阴暗潮湿之处的苔藓，虽然花如米粒般细小，生长在太阳照不到的地方，但也能凭自身的力量开花结果，由此成就经典之作。生命有大有小，有长有短，生活有苦有甜，有笑有泪。人生的进程中，有完美，也有残缺。那又有什么关系，"天行健，君子以自强不息"，只要有一颗自强自立之心，即使柔弱如草籽，如苔花，也会在天地间努力绽放自己最美的笑颜。

避　暑

老　舍

英美的小资产阶级，到夏天若不避暑，是件丢人的事。于是避暑差不多成为离家几天的意思，暑避了与否倒不在话下。城里的人海边去，乡下人到城里来；城里若是热，乡下人干吗来？若是不热，城里人为何不老老实实地在家里歇着？这就难说了。再看海边吧，各样杂耍，似赶集开庙一般，男女老幼，闹闹吵吵，比在家还累得慌。原来暑本无须避，而面子不能不圆；夏天总得走这么几日，要不然就受不了亲友的盘问。

到中国做事的西人，自然更不能忘了这一套。在北戴河，有三家凑赁(lìn)一所小房的，住上两天，大家的享受正如圈(juàn)里的羊。自然也有阔气的，真是去避暑；可是这样的人大概在哪里也不见得感到热，有钱呀。这总而言之，都有点装着玩。外国人装蒜，中国人要是不学，便算不了摩登。于是自从皇上被免职以后，中国人也讲究避暑。北平的西山，青岛，和其他的地方，都和洋钱有同样的响声。

所以我的避暑法便很简单——家里蹲。第一不去坐火车。为避暑而先坐二十四小时的特别热车，以便到目的地去治上吐下泻，我就不那么傻。第二，不扶老携幼去玩玄。比如上山，带着四个小孩，说不定会有三个半滚了坡的。山上的空气确是新鲜，可是下得山来，孩子都成了瘸子，也与教育宗旨不甚相合。即使没有摔坏，反正还不吓一身汗？这身汗哪里出不了，单上山去出？第三不用搬家。你说，一家大小都去避暑得带多少东西？即使出发的时候力求简单，到了地方可就明白过来。啊，没给小二带乳瓶来！买去吧，哼，该买的东西多了！三叔的固之膏忘不了，此处没有卖的，而不贴三叔就泻肚；得发快信托朋友给寄！及至东西都慢慢买全，也该回家了，往回运吧，有什么可说的！

一个人去自然简单些，可是你留神吧，你的暑气还没落下去，家里的电报来了——急速回家！赶回来吧，原来没事，只是尊夫人不放心你！本来嘛，一个人在海岸上蹓，尊夫人能放心吗？她又不是没看过美人鱼的照片。

大家去，独自去，都不好；最好是不去，一动不如一静，心静自然凉。况且一切应用的东西都在手底下：凉席，竹枕，蒲扇，万应锭，小二的乳瓶……要什么伸手即得，这就是个乐子。渴了有绿豆汤，饿了有烧饼，闷了念书或作两句诗。早早地起来，晚晚地睡，到了晌午再补上一大觉；光脚没人管，赤背也不违警章，唱几口随便，喝两盅也行。有风便阴凉下坐着，没风则勤扇着，暑也避了。

这种避暑有两点不舒服：(一)没把钱花了；(二)怕人问你。都有办法：买点暑药送苦人，或是赈灾，即使不是有心积德，到底钱是不必非花在青岛不可的。至于怕有人问，你可以不见客，等秋来的时候，他们问你，很可以这样说："老没见，上莫干山住了三个多月。"如能把孩子们嘱咐好了，或者不至漏了底。

【作者简介】 老舍（1899—1966）原名舒庆春，新中国第一位获得"人民艺术家"称号的作家。代表作有《骆驼祥子》《四世同堂》，剧本《茶馆》。1966年，由于在"文化大革命"中受到攻击和迫害，老舍被逼无奈之下含冤自沉于北京太平湖。

雅　舍

梁实秋

到四川来，觉得此地人建造房屋最是经济。火烧过的砖，常常用来做柱子，孤零零地砌起四根砖柱，上面盖上一个木头架子，看上去瘦骨嶙嶙，单薄得可怜；但是顶上铺了瓦，四面编了竹篾（bì）墙，墙上敷了泥灰，远远地看过去，没有人能说不像是座房子。我现在住的"雅舍"正是这样一座典型的房子。不消说，这房子有砖柱，有竹篾墙，一切特点都应有尽有。

讲到住房，我的经验不算少，什么"上支下摘""前廊后厦""一楼一底""三上三下""亭子间""茆（máo）草棚""琼楼玉宇"和"摩天大厦"，各式各样，我都尝试过。我不论住在哪里，只要住得稍久，对那房子便发生感情，非不得已我还舍不得搬。这"雅舍"，我初来时仅求其能蔽（bì）风雨，并不敢存奢望，现在住了两个多月，我的好感油然而生。虽然我已渐渐感觉它并不能蔽风雨，因为有窗而无玻璃，风来则洞若凉亭，有瓦而空隙不少，雨来则渗如滴漏。纵然不能蔽风雨，"雅舍"还是自有它的个性。有个性就可爱。

"雅舍"的位置在半山腰，下距马路约有七八十层的土阶。前面是阡陌螺旋的稻田。再远望过去是几抹葱翠的远山，旁边有高粱地，有竹林，有水池，有粪坑，后面是荒僻的榛（zhēn）莽未除的土山坡。若说地点荒凉，则月明之夕，或风雨之日，亦常有客到，大抵好友不嫌路远，路远乃见情谊。客来则先爬几十级的土阶，进得屋来仍须上坡，因为屋内地板乃依山势而铺，一面高，一面低，坡度甚大，客来无不惊叹，我则久而安之，每日由书房走到饭厅是上坡，饭后鼓腹而出是下坡，亦不觉有大不便处。

"雅舍"共是六间，我居其二。篾墙不固，门窗不严，故我与邻人彼此均可互通声息。邻人轰饮作乐，咿唔诗章，喁喁（yú）细语，以及鼾声、喷嚏声、吮汤声、撕纸声、脱皮鞋声，均随时由门窗户壁的隙处荡漾而来，破我岑寂。入夜则鼠子瞰（kàn）灯，才一合眼，鼠子便自由行动，或搬核桃在地板上顺坡而下，或吸灯油而推翻烛台，或攀援而上帐顶，或在门框桌脚上磨牙，使得人不得安枕。但是对于鼠子，我很惭愧地承认，我"没有法子"。"没有法子"一语是被外国人常常引用着的，以为这话最足代表中国人的懒惰隐忍的态度。其实我的对付鼠子并不懒惰。窗上糊纸，纸一戳就破；门户关紧，而相鼠有牙，一阵咬便是一个洞洞。试问还有什么法子？洋鬼子住到"雅舍"里，不也是没有法子？比鼠子更骚扰的是蚊子。"雅舍"的蚊风之盛，是我前所未见的。"聚蚊成雷"真有其事！每当黄昏时候，满屋里磕头碰脑的全是蚊子，又黑又大，骨骼都像是硬的。在别处蚊子早已肃清的时候，在"雅舍"则格外猖獗，来客偶不留心，则两腿伤处累累隆起如玉蜀黍(shǔ shǔ)，但是我仍安之。冬天一到，蚊子自然绝迹，明年夏天——谁知道我还是否住在"雅舍"！

"雅舍"最宜月夜——地势较高，得月较先。看山头吐月，红盘乍涌，一霎间，清光四射，天空皎洁，四野无声，微闻犬吠，坐客无不悄然！舍前有两株梨树，等到月升中天，清光从树间筛洒而下，地上阴影斑斓，此时尤为幽绝。直到兴阑人散，归房就寝，月光仍然逼进窗来，助我凄凉。细雨蒙蒙之际，"雅舍"亦复有趣。推窗展望，俨然米氏章法，若云若雾，一片弥漫。但若大雨滂沱，我就又惶悚(sǒng)不安了，屋顶湿印到处都有，起初如碗大，俄而扩大如盆，继则滴水乃不绝，终乃屋顶灰泥突然崩裂，如奇葩初绽，砉(huā)然一声而泥水下注，此刻满室狼藉，抢救无及。此种经验，已数见不鲜。

"雅舍"之陈设，只当得"简朴"二字，但洒扫拂拭，不使有纤尘。我非显要，故名公巨卿之照片不得入我室；我非牙医，故无博士文凭张挂壁间；我不业理发，故丝织西湖十景以及电影明星之照片亦均不能张我四壁。我有一几一椅一榻，酣睡写读，均已有着，我亦不复他求。但是陈设虽简，我却喜欢翻新布置。西人常常讥笑妇人喜欢变更桌椅位置，以为这是妇人天性喜变之一征。诬否且不论，我是喜欢改变的。中国旧式家庭，陈设千篇一律，正厅上是一条案，前面一张八仙桌，一边一把靠椅，两旁是两把靠椅夹一只茶几。我以为陈设宜求疏落参差之致，最忌排偶。"雅舍"所有，毫无新奇，但一物一事之安排布置俱不从俗。人入我室，即知此是我室。笠翁《闲情偶寄》之所论，正合我意。

"雅舍"非我所有，我仅是房客之一。但思"天地者万物之逆旅"，人生本来如寄，我住"雅舍"一日，"雅舍"即一日为我所有。即使此一日亦不能算是我有，至少此一日"雅舍"所能给予之苦辣酸甜，我实躬受亲尝。刘克庄词："客里似家家似寄。"我此时此刻卜居"雅舍"，"雅舍"即似我家。其实似家似寄，我亦分辨不清。

长日无俚，写作自遣，随想随写，不拘篇章，冠以"雅舍小品"四字，以示写作所在，且志因缘。

【作者简介】 梁实秋(1903—1987)，散文家、文学批评家、翻译家，一生创作许多优秀作品。在国内外享有盛誉，从不骄纵自满。用平淡真挚抒写人生百态，用坚贞人格赢得世人敬仰。他曾有机会长期留在美国，但他毅然选择回国。

窗

钱钟书

又是春天，窗子可以常开了。春天从窗外进来，人在屋子里坐不住，就从门里出去。不过屋子外的春天太贱了！到处是阳光，不像射破屋里阴深的那样明亮；到处是给太阳晒得懒洋洋的风，不像搅动屋里沉闷的那样有生气。就是鸟语，也似乎琐碎而单薄，需要屋里的寂静来做衬托。我们因此明白，春天是该镶嵌在窗子里看的，好比画配了框子。

同时，我们悟到，门和窗有不同的意义。当然，门是造了让人出进的。但是，窗子有时也可作为进出口用，譬如小偷或小说里私约的情人就喜欢爬窗子。所以窗子和门的根本分别，决不仅是有没有人进来出去。若据赏春一事来看，我们不妨这样说：有了门，我们可以出去；有了窗，我们可以不必出去。窗子打通了大自然和人的隔膜，把风和太阳逗引进来，使屋子里也关着一部分春天，让我们安坐了享受，无需再到外面去找。古代诗人像陶渊明对于窗子的这种精神，颇有会心。《归去来辞》有两句道："倚南窗以寄傲，审容膝之易安。"不等于说，只要有窗可以凭眺，就是小屋子也住得么？

他又说："夏月虚闲，高卧北窗之下，清风飒至，自谓羲皇上人。"意思是只要窗子透风，小屋子可成极乐世界；他虽然是柴桑人，就近有庐山，也用不着上去避暑。所以，门许我们追求，表示欲望，窗子许我们占领，表示享受。这个分别，不但是住在屋里的人的看法，有时也适用于屋外的来人。一个外来者，打门请进，有所要求，有所询问，他至多是个客人，一切要等主人来决定。反过来说，一个钻窗子进来的人，不管是偷东西还是偷情，早已决心来替你做个暂时的主人，顾不到你的欢迎和拒绝了。缪塞(Musset)在《少女做的是什么梦》那首诗剧里，有句妙语，略谓父亲开了门，请进了物质上的丈夫(matériel époux)，但是理想的爱人(idéal)，总是从窗子出进的。换句话说，从前门进来的，只是形式上的女婿，虽然经丈人看中，还待博取小姐自己的欢心；要是从后窗进来的，才是女郎们把灵魂肉体完全交托的真正情人。你进前门，先要经门房通知，再要等主人出现，还得寒暄几句，方能说明来意，既费心思，又费时间，哪像从后窗进来的直捷痛快？好像学问的捷径，在乎书背后的引得，若从前面正文看起，反见得迂远了。这当然只是在社会常态下的分别，到了战争等变态时期、屋子本身就保不住，还讲什么门和窗！

世界上的屋子全有门，而不开窗的屋子我们还看得到。这指示出窗比门代表更高的人类进化阶段。门是住屋子者的需要，窗多少是一种奢侈，屋子的本意，只像鸟窠兽窟，准备人回来过夜的，把门关上，算是保护。但是墙上开了窗子，收入光明和空气，使我们白天不必到户外去，关了门也可生活。

屋子在人生里因此增添了意义，不只是避风雨、过夜的地方，并且有了陈设，挂着书画，是我们从早到晚思想、工作、娱乐、演出人生悲喜剧的场子。门是人的进出口，窗可以说是天的进出口。屋子本是人造了为躲避自然的胁害，而向四堵墙、一个屋顶里，窗引诱了一角天进来，驯服了它，给人利用，好比我们笼络野马，变为家畜一样。从此我们在屋子里就能和自然接触，不必去找光明，换空气，光明和空气会来找到我们。所以，人对于自然的胜利，窗也是一个。不过，这种胜利，有如女人对于男子的胜利，表面上看来好像是让步——人开了窗让风和日光进来占领，谁知道来占领这个地方的就给这个地方占领去了！我们刚说门是需要，需要是不由人做得主的。譬如饿了就要吃，渴了就得喝。所以，有人敲门，你总得去开，也许是易卜生所说比你下一代的青年想冲进来，也许像德昆西论谋杀后闻打门声所说，光天化日的世界想攻进黑暗罪恶的世界，也许是浪子回家，也许是有人借债（更许是讨债），你越不知道，怕去开，你越想知道究竟，愈要去开。甚至每天邮差打门的声音，也使你起了带疑惧的希冀，因为你不知道而又愿知道他带来的是什么消息。门的开关是由不得你的。但是窗呢？你清早起来，只要把窗幕拉过一边，你就知道窗外有什么东西在招呼着你，是雪，是雾，是雨，还是好太阳，决定要不要开窗子。上面说过窗子算得奢侈品，奢侈品原是在人看情形斟酌增减的。

我常想，窗可以算房屋的眼睛。刘熙译名说："窗，聪也；于内窥外，为聪明也。"正和凯罗（GottfriedKeller）《晚歌》（Abendlied）起句所谓："双瞳如小窗（Fensterlein），佳景收历历。"同样地只说着一半。眼睛是灵魂的窗户，我们看见外界，同时也让人看到了我们的内心；眼睛往往跟着心在转，所以孟子认为相人莫良于眸子，梅特林克戏剧里的情人接吻时不闭眼，可以看见对方有多少吻要从心里上升到嘴边。

我们跟戴黑眼镜的人谈话，总觉得捉摸不住他的用意，仿佛他以假面具相对，就是为此。据爱戈门（Eckermann）记一八三〇年四月五日歌德的谈话，歌德恨一切戴眼镜的人，说他们看得清楚他脸上的皱纹，但是他给他们的玻璃片耀得眼花缭乱，看不出他们的心境。窗子许里面人看出去，同时也许外面人看进来，所以在热闹地方住的人要用窗帘子，替他们私生活做个保障。晚上访人，只要看窗里有无灯光，就约略可以猜到主人在不在家，不必打开了门再问，好比不等人开口，从眼睛里看出他的心思。关窗的作用等于闭眼。天地间有许多景象是要闭了眼才看得见的，譬如梦。假使窗外的人声物态太嘈杂了，关了窗好让灵魂自由地去探胜，安静地默想。有时，关窗和闭眼也有连带关系，你觉得窗外的世界不过尔尔，并不能给与你什么满足，你想回到故乡，你要看见跟你分离的亲友，你只有睡觉，闭了眼向梦里寻去，于是你起来先关了窗。因为只是春天，还留着残冷，窗子也不能整天整夜不关的。

【作者简介】　钱钟书（1910—1998），江苏无锡人，字默存，号槐聚，中国现代作家、文学研究家，与饶宗颐并称为"南饶北钱"。代表作《围城》《写在人生边上》。

花落的声音

张爱玲

家中养了玫瑰，没过多少天，就在夜深人静的时候，听到了花落的声音。起先是试探性的一声"啪"，像一滴雨打在桌面。紧接着，纷至沓来的"啪啪"声中，无数中弹的蝴蝶纷纷从高空跌落下来。

那一刻的夜真静啊，静得听自己的呼吸犹如倾听涨落的潮汐。整个人都被花落的声音吊在半空，尖着耳朵，听得心里一惊一惊的，像听一个正在酝酿中的阴谋诡计。

早晨，满桌的落花静卧在那里，安然而恬静。让人怎么也无法相信，它曾经历了那样一个惊心动魄的夜晚。

玫瑰花瓣即使落了，仍是活鲜鲜的，依然有一种脂的质感，缎的光泽和温暖。我根本不相信这是花的尸体，总是不让母亲收拾干净。看着它们脱离枝头的拥挤，自由舒展地躺在那里，似乎比簇拥在枝头更有一种遗世独立的美丽。

这个世界，每天似乎都能听到花落的声音。像樱、梨、桃这样轻柔飘逸的花，我从不将它们的谢落看作一种死亡。它们只是在风的轻唤声中，觉悟到自己曾经是有翅膀的天使，它们便试着挣脱枝头，试着飞，轻轻地就飞了出去……

有一种花是令我害怕的。它不问青红皂白，没有任何预兆，在猝不及防间整朵整朵任性地鲁莽地不负责任地骨碌碌地就滚了下来，真让人心惊肉跳。

曾经养过一盆茶花，就是这样触目惊心的死法。我大骇，从此怕茶花。怕它的极端与刚烈，还有那种自杀式的悲壮。不知那么温和淡定的茶树，怎会开出如此惨烈的花。

只有乡间那种小雏菊，开得不事张扬，谢得也含蓄无声。它的凋谢不是风暴，说来就来，它只是依然安静温暖地依偎在花托上，一点点地消瘦，一点点地憔悴，然后不露痕迹地在冬的萧瑟里，和整个季节一起老去。

【作者简介】 张爱玲(1920—1995)，中国现代作家，祖籍河北丰润，生于上海。7岁开始写小说，12岁开始在校刊和杂志上发表作品。1943至1944年，创作和发表了《沉香屑·第一炉香》《沉香屑·第二炉香》《茉莉香片》《倾城之恋》《红玫瑰与白玫瑰》等小说。

端午的鸭蛋

汪曾祺

　　家乡的端午，很多风俗和外地一样。系百索子。五色的丝线拧成小绳，系在手腕上。丝线是掉色的，洗脸时沾了水，手腕上就印得红一道绿一道的。做香角子。丝丝缠成小粽子，里头装了香面，一个一个串起来，挂在帐钩上。贴五毒。红纸剪成五毒，贴在门槛上。贴符。这符是城隍庙送来的。城隍庙的老道士还是我的寄名干爹，他每年端午节前就派小道士送符来，还有两把小纸扇。符送来了，就贴在堂屋的门楣(méi)上。一尺来长的黄色、蓝色的纸条，上面用朱笔画些莫名其妙的道道，这就能辟邪么？喝雄黄酒。用酒和的雄黄在孩子的额头上画一个王字，这是很多地方都有的。有一个风俗不知别处有不：放黄烟子。黄烟子是大小如北方的麻雷子的炮仗，只是里面灌的不是硝药，而是雄黄。点着后不响，只是冒出一股黄烟，能冒好一会儿。把点着的黄烟子丢在橱柜下面，说是可以熏五毒。小孩子点了黄烟子，常把它的一头抵在板壁上写黑字。写黄烟虎字笔画不能断，所以我们那里的孩子都会写草书的"一笔虎"。还有一个风俗，是端午节的午饭要吃"十二红"，就是十二道红颜色的菜。十二红里我只记得有炒红苋(xiàn)菜、油爆虾、咸鸭蛋，其余的都记不清，数不出了。也许十二红只是一个名目，不一定真凑足十二样。不过午饭的菜都是红的，这一点是我没有记错的，而且，苋菜、虾、鸭蛋，一定是有的。这三样，在我的家乡，都不贵，多数人家是吃得起的。

　　我的家乡是水乡。出鸭。高邮大麻鸭是著名的鸭种。鸭多，鸭蛋也多。高邮人也善于腌鸭蛋。高邮咸鸭蛋于是出了名。我在苏南、浙江，每逢有人问起我的籍贯，回答之后，对方就会肃然起敬："哦！你们那里出咸鸭蛋！"上海的卖腌腊的店铺里也卖咸鸭蛋，必用纸条特别标明："高邮咸蛋"。高邮还出双黄鸭蛋。别处鸭蛋也偶有双黄的，但不如高邮的多，可以成批输出。双黄鸭蛋味道其实无特别处。还不就是个鸭蛋！只是切开之后，里面圆圆的两个黄，使人惊奇不已。我对异乡人称道高邮鸭蛋，是不大高兴的，好像我们那穷地方就出鸭蛋似的！不过高邮的咸鸭蛋，确实是好，我走的地方不少，所食鸭蛋多矣，但和我家乡的完全不能相比！曾经沧海难为水，他乡咸鸭蛋，我实在瞧不上。袁枚的《随园食单·小菜单》有"腌蛋"一条。袁子才这个人我不喜欢，他的《食单》好些菜的做法是听来的，他自己并不会做菜。但是《腌蛋》这一条我看后却觉得很亲切，而且"与有荣焉"。文不长，录如下：

　　腌蛋以高邮为佳，颜色细而油多，高文端公最喜食之。席间，先夹取以敬客，放盘中。总宜切开带壳，黄白兼用；不可存黄去白，使味不全，油亦走散。

　　高邮咸蛋的特点是质细而油多。蛋白柔嫩，不似别处的发干、发粉，入口如嚼石灰。油多尤为别处所不及。鸭蛋的吃法，如袁子才所说，带壳切开，是一种，那是席间待客的办法。平常食用，一般都是敲破"空头"用筷子挖着吃。筷子头一扎下去，吱——红油就冒出来了。

高邮咸蛋的黄是通红的。苏北有一道名菜，叫做"朱砂豆腐"，就是用高邮鸭蛋黄炒的豆腐。我在北京吃的咸鸭蛋，蛋黄是浅黄色的，这叫什么咸鸭蛋呢！

端午节，我们那里的孩子兴挂"鸭蛋络子"。头一天，就由姑姑或姐姐用彩色丝线打好了络子。端午一早，鸭蛋煮熟了，由孩子自己去挑一个，鸭蛋有什么可挑的呢？有！一要挑淡青壳的。鸭蛋壳有白的和淡青的两种。二要挑形状好看的。别说鸭蛋都是一样的，细看却不同。有的样子蠢，有的秀气。挑好了，装在络子里，挂在大襟的纽扣上。这有什么好看呢？然而它是孩子心爱的饰物。鸭蛋络子挂了多半天，什么时候孩子一高兴，就把络子里的鸭蛋掏出来，吃了。端午的鸭蛋，新腌不久，只有一点淡淡的咸味，白嘴吃也可以。

孩子吃鸭蛋是很小心的。除了敲去空头，不把蛋壳碰破。蛋黄蛋白吃光了，用清水把鸭蛋壳里面洗净，晚上捉了萤火虫来，装在蛋壳里，空头的地方糊一层薄罗。萤火虫在鸭蛋壳里一闪一闪地亮，好看极了！

小时读"囊萤映雪"故事，觉得东晋的车胤(yìn)用练囊盛了几十只萤火虫，照了读书，还不如用鸭蛋壳来装萤火虫。不过用萤火虫照亮来读书，而且一夜读到天亮，这能行么？车胤读的是手写的卷子，字大，若是读现在的新五号字，大概是不行的。

【作者简介】 汪曾祺(1920—1997)，江苏高邮人，中国当代作家、散文家、戏剧家、京派作家的代表人物。被誉为"抒情的人道主义者，中国最后一个纯粹的文人，中国最后一个士大夫。"汪曾祺在短篇小说创作上颇有成就，对戏剧与民间文艺也有深入钻研。作品有《受戒》《晚饭花集》《逝水》《晚翠文谈》等。

喝　茶

周作人

喝茶以绿茶为正宗，红茶已经没有什么意味，何况又加糖——与牛奶？葛辛(GeorgeGissing)的《草堂随笔》(Private Papersof Henry Ryecroft)确是很有趣味的书，但冬之卷里说及饮茶，以为英国家庭里下午的红茶与黄油面包是一日中最大的乐事，中国人饮茶已历千百年，未必能领略此种乐趣与实益的万分之一，则我殊不以为然，红茶带"吐斯"未始不可吃，但这只是当饭，在肚饥时食之而已；我的所谓喝茶，却是在喝清茶，在赏鉴其色与香与味，意未必在止渴，自然更不在果腹了。中国古昔曾吃过煎茶及抹茶，现在所用的都是泡茶，冈仓觉三在《茶之书》(Book of Tea, 1919)里很巧妙地称之曰"自然主义的茶"，所以我们所重的即在这自然之妙味。中国人上茶馆去，左一碗右一碗地喝了半天，好像是刚从沙漠里回来的样子,颇合于我的喝茶的意思(听说闽粤有所谓吃工夫茶者自然也有道理),只可惜近来太是洋场化,失了本意,其结果成为饭馆子之流,只在乡村间还保存一点古风,唯是屋宇器具简陋万分,或者但可称为颇有喝茶之意,而未可许为已得喝茶之道也。

喝茶当于瓦屋纸窗之下,清泉绿茶,用素雅的陶瓷茶具,同二三人共饮,得半日之闲,可抵十年的尘梦。喝茶之后,再去继续修各人的胜业,无论为名为利,都无不可,但偶然的片刻优游乃至亦断不可少,中国喝茶时多吃瓜子,我觉得不很适宜,喝茶时所吃的东西应当是轻淡的"茶食"。中国的茶食却变了"满汉饽饽",其性质与"阿阿兜"相差无几;不是喝茶时所吃的东西了。日本的点心虽是豆米的成品,但那优雅的形色,相素的味道,很合于茶食的资格,如各色"羊羹"(据上田恭辅氏考据,说是出于中国唐时的羊肝饼),尤有特殊的风味。江南茶馆中有一种"干丝",用豆腐干切成细丝,加姜丝酱油,重汤炖热,上浇麻油,出以供客,其利益为"堂馆"所独有。豆腐干中本有一种"茶干",今变而为丝,亦颇与茶相宜。在南京时常食此品,据云有某寺方丈所制为最,虽也曾尝试,却已忘记,所记得者乃只是下关的江天阁而已。学生们的习惯,平常"干丝"既出,大抵不即食,等到麻油再加,开水重换之后,始行举箸,最为合式,因为一到即罄,次碗继至,不遑应酬,否则麻油三浇,旋即撤去,怒形于色,未免使客不欢而散,茶意都消了。

吾乡昌安门外有一处地方,名三脚桥(实在并无三脚,乃是三出,因以一桥而跨三叉的河上也),其地有豆腐店曰周德和者,制茶干最有名。寻常的豆腐干方约寸半,厚三分,值钱二文,周德和的价值相同,小而且薄,几及一半,黝黑坚实,如紫檀片。我家距三脚桥有步行两小时的路程,故殊不易得,但能吃到油炸者而已。每天有人挑担设炉镬,沿街叫卖,其词曰:

辣酱辣,

麻油炸,

红酱搽,

辣酱拓,

周德和格五香油炸豆腐干。

其制法如上所述,以竹丝插其末端,每枚值三文。豆腐干大小如周德和,而甚柔软,大约系常品。唯经过这样烹调,虽然不是茶食之一,却也不失为一种好豆食。——豆腐的确也是极乐的佳妙的食品,可以有种种的变化,唯在西洋不会被领解,正如茶一般。

日本用茶淘饭,名曰"茶渍",以腌菜及"择庵"(即福建的黄土萝卜,日本泽庵法师始传此法,盖从中国传去)等为佐,很有清淡而甘香的风味。中国人未尝不这样吃,唯其原因,非由穷困即为节省,殆少有故意往清茶淡饭中寻其固有之味者,此所以为可惜也。

【作者简介】 周作人(1885—1967),浙江绍兴人,是鲁迅(周树人)之弟。他的散文冲淡平和,返璞归真。

雨 的 随 想

汪国真

有时，外面下着雨心却晴着；又有时，外面晴着心却下着雨。世界上许多东西在对比中让你品味。心晴的时候，雨也是晴；心雨的时候，晴也是雨。不过，无论什么样的故事，一逢上下雨便难忘。雨有一种神奇：它能弥漫成一种情调，浸润成一种氛围，镌刻成一种记忆。当然，有时也能瓢泼成一种灾难。

春天的风沙，夏天的溽（rù）闷，秋天的干燥，都使人们祈盼着下雨。一场雨还能使空气清新许多，街道明亮许多，"春雨贵如油"，对雨的渴盼不独农人有。

有雨的时候既没有太阳也没有月亮，人们却多不以为忤（wǔ）。或许因为有雨的季节气候不冷，让太阳一边凉快会儿也好。有雨的夜晚则另有一番月夜所没有的韵味。有时不由让人想起李商隐"何当共剪西窗烛，却话巴山夜雨时"的名句。

在小雨中漫步，更有一番难得的惬意。听着雨水轻轻叩击大叶杨或梧桐树上那阔大的叶片时沙沙的声响，那种滋润到心底的美妙，即便是理查德·克莱德曼钢琴下流淌出的《秋日私语》般雅致的旋律也难以比拟。大自然鬼斧神工般的造化，真是无与伦比。

一对恋人走在小巷里，那情景再寻常不过。但下雨天手中魔术般又多了一把淡蓝色的小伞，身上多了件米黄色的风衣，那效果便又截然不同。一眼望去，雨中的年轻是一幅耐读的图画。

在北方，一年365天中，有雨的日子并不很多。于是若逢上一天，有雨如诗或有诗如雨，便觉得奇好。

【作者简介】 汪国真（1956—2015），北京人。中国诗歌界一个辉煌的诗人，当代中国诗人、书画家。汪国真的诗歌，主题积极向上、昂扬而又超脱。

听听那冷雨（节选）

余光中

雨不但可嗅，可亲，更可以听。听听那冷雨。听雨，只要不是石破天惊的台风暴雨，在听觉上总是一种美感。大陆上的秋天，无论是疏雨滴梧桐，或是骤雨打荷叶，听去总有一点凄凉，凄清，凄楚，于今在岛上回味，则在凄楚之外，再笼上一层凄迷了，饶你多少豪情侠气，怕也经不起三番五次的风吹雨打。一打少年听雨,红烛昏沉。再打中年听雨,客舟中江阔云低。三打白头听雨的僧庐下,这更是亡宋之痛,一颗敏感心灵的一生:楼上,江上,庙里,用冷冷的雨珠子串成。十年前,他曾在一场摧心折骨的鬼雨中迷失了自己。雨,该是一滴湿漓漓的灵魂,窗外在喊谁。

雨打在树上和瓦上,韵律都清脆可听。尤其是铿铿敲在屋瓦上,那古老的音乐,属于中国。王禹的黄冈,破如橡的大竹为屋瓦。据说住在竹楼上面,急雨声如瀑布,密雪声比碎玉,而无论鼓琴,咏诗,下棋,投壶,共鸣的效果都特别好。这样岂不像住在竹和筒里面,任何细脆的声响,怕都会加倍夸大,反而令人耳朵过敏吧。

雨天的屋瓦,浮漾湿湿的流光,灰而温柔,迎光则微明,背光则幽黯,对于视觉,是一种低沉的安慰。至于雨敲在鳞鳞千瓣的瓦上,由远而近,轻轻重重轻轻,夹着一股股的细流沿瓦槽与屋檐潺潺泻下,各种敲击音与滑音密织成网,谁的千指百指在按摩耳轮。"下雨了",温柔的灰美人来了,她冰冰的纤手在屋顶拂弄着无数的黑键啊灰键,把晌午一下子奏成了黄昏。

在旧式的古屋里听雨,听四月,霏霏不绝的黄梅雨,朝夕不断,旬月绵延,湿黏黏的苔藓从石阶下一直侵到舌底,心底。到七月,听台风台雨在古屋顶上一夜盲奏,千层海底的热浪沸沸被狂风挟挟,掀翻整个太平洋只为向他的矮屋檐重重压下,整个海在他的蜗壳上哗哗泻过。不然便是雷雨夜,白烟一般的纱帐里听羯鼓一通又一通,滔天的暴雨滂滂沛沛扑来,强劲的电琵琶忐忑忑忐忑忑忑,弹动屋瓦的惊悸腾腾欲掀起。不然便是斜斜的西北雨斜斜刷在窗玻璃上,鞭在墙上打在阔大的芭蕉叶上,一阵寒潮泻过,秋意便弥湿旧式的庭院了。

在旧式的古屋里听雨,从春雨绵绵听到秋雨潇潇,从少年听到中年,听听那冷雨。雨是一种单调而耐听的音乐是室内乐是室外乐,户内听听,户外听听,冷冷,那音乐。雨是一种回忆的音乐,听听那冷雨,回忆江南的雨下得满地是江湖,下在桥上和船上,也下在四川在秧田和蛙塘,下肥了嘉陵江,下湿布谷咕咕的啼声,雨是潮潮润润的音乐下在渴望的唇上,舔舔那冷雨。

因为雨是最最原始的敲打乐从记忆的彼端敲起。瓦是最最低沉的乐器灰蒙蒙的温柔覆盖着听雨的人,瓦是音乐的雨伞撑起。但不久公寓的时代来临,台北你怎么一下子长高了,瓦的音乐竟成了绝响。千片万片的瓦翩翩,美丽的灰蝴蝶纷纷飞走,飞入历史的记忆。现在雨下下来,下在水泥的屋顶和墙上,没有音韵的雨季。树也砍光了,那月桂,那枫树,柳树和擎天的巨椰,雨来的时候不再有丛叶嘈嘈切切,闪动湿湿的绿光迎接。鸟声减了啾啾,蛙声沉了咯咯,秋天的虫吟也减了唧唧。七十年代的台北不需要这些,一个乐队接一个乐队便遣散尽了。要听鸡叫,只有去诗经的韵里找。现在只剩下一张黑白片,黑白的默片。

大多数的雨伞想不会为约会张开。上班下班,上学放学,菜市来回的途中。现实的伞,灰色的星期三。握着雨伞。他听那冷雨打在伞上。索性更冷一些就好了,他想。索性把湿湿的灰雨冻成干干爽爽的白雨，六角形的结晶体在无风的空中回回旋旋地降下来。等须眉和肩头白尽时，伸手一拂就落了。二十五年，没有受故乡白雨的祝福，或许发上下一点白霜是一种变相的自我补偿吧。一位英雄，经得起多少次雨季？他的额头是水成岩削成还是火成岩？他的心底究竟有多厚的苔藓？厦门街的雨巷走了二十年与记忆等长，一座无瓦的公寓在巷底等他，一盏灯在楼上的雨窗子里，等他回去，向晚餐后的沉思冥想去整理青苔深深的记忆。

前尘隔海。古屋不再。听听那冷雨。

【作者简介】　余光中(1928—2017)，台湾作家，出生于南京。代表作有诗歌《乡愁》等。余光中一生从事诗歌、散文、评论、翻译领域的著述，并将上述四个领域称为自己写作的"四度空间"。他被誉为文坛的"璀璨五彩笔"。